孔子的儒家智慧

兼济天下

翟江月

著

世界图书出版公司
北京·广州·上海·西安

图书在版编目（CIP）数据

兼济天下：孔子的儒家智慧 / 翟江月著. —北京：世界图书出版有限公司北京分公司，2020.9
（中华传统智慧丛书；1）
ISBN 978-7-5192-6158-0

Ⅰ.①兼… Ⅱ.①翟… Ⅲ.①儒家－哲学思想－中国－通俗读物 Ⅳ.①B222-49

中国版本图书馆CIP数据核字（2019）第066054号

书　　名	兼济天下——孔子的儒家智慧
	JIANJI TIANXIA
著　　者	翟江月
责任编辑	王思惠
封面设计	蔡　彬
出版发行	世界图书出版有限公司北京分公司
地　　址	北京市东城区朝内大街137号
邮　　编	100010
电　　话	010-64038355（发行）　64033507（总编室）
网　　址	http://www.wpcbj.com.cn
邮　　箱	wpcbjst@vip.163.com
销　　售	新华书店
印　　刷	三河市国英印务有限公司
开　　本	880mm × 1230mm　1/32
印　　张	8
字　　数	134千字
版　　次	2020年9月第1版
印　　次	2020年9月第1次印刷
国际书号	ISBN 978-7-5192-6158-0
定　　价	32.00元

前言

　　习近平同志在纪念孔子诞辰2565周年国际学术研讨会上说："优秀传统文化是一个国家、一个民族传承和发展的根本，如果丢掉了，就割断了精神命脉。"习近平同志还指出："中华文明绵延数千年，有其独特的价值体系。中华优秀传统文化已经成为中华民族的基因，植根在中国人内心，潜移默化影响着中国人的思想方式和行为方式。今天，我们提倡和弘扬社会主义核心价值观，必须从中汲取丰富营养，否则就不会有生命力和影响力。"

　　传统文化精华是中华民族重要的思想源泉。优秀传统文化中包含着中华民族"最深沉的精神追求"和"最深厚的文化软实力"，是中华民族的"根"与"魂"，是凝聚和打造强大的中国精神和中国力量的基础。本丛书主要从中华民族传统文化最具代表性的儒家智慧、道家智慧、佛家智慧、兵家智慧四个方面并结合"中国故事"来深入发掘传统文化的核心要素和精华。

　　本套"中华传统智慧丛书"包含四个分册：

第一，《兼济天下——孔子的儒家智慧》。本册在全面把握《论语》等原著的基础上，解构和重建了孔子的思想体系，主要探讨了孔子在人生、教育、政治、经济、道德、伦理等方面的哲学思想和智慧。在做人上，突出孔子务实勤奋、坦荡幽默、一以贯之的性格特点和见利思义、勇于担当、谨言慎行、不求闻达、过勿惮改、戒骄戒躁的踏实作风。在教育上，孔子教学相长、有教无类、因材施教的教育理念和教学方法，仍给今人很多有益的启迪。孔子对弟子的了解与关怀，弟子们对孔子的敬仰与尊重，孔门师徒的浓浓情意至今都被传为佳话。在道德观念上，孔子以人为本，崇尚君子之道，倡导宽、义、信、善，为后世树立楷模。在行为规范上，孔子主张"克己复礼"，在衣食住行、待人接物、政事外交等方面皆用礼之规范来要求自己和他人。在伦理规范上，孔子注重孝道，"百善孝为先"，孝为众善之首，体现了中华民族的敦厚之风与传统美德。在如何对待物质财富上，他提出"君子爱财，取之有道"，"不义而富且贵，于我如浮云"，提倡财尽其用，强烈反对贪腐。在政治上，孔子主张节用爱民、为政以德、举贤授能、举直错枉等，并且强调文治与武功同步。孔子还十分注重音乐的社会教化等功能。本册对孔子的思想做了客观详尽的系统性阐述，同时在语言表达上，尽量避免刻板的论述。我们有意把孔子还原为一个活生生的、甚至是活泼可爱的人。

第二，《与道逍遥——老庄的道家智慧》。本册解构和重建了老子的思想体系，突出老子哲学和思想体系的主要方面。首先深入探讨"道"的核心内涵并深入剖析老子的辩证法以及庄子对老子哲学的发展和深化，从全新的视角探讨了"有无"这一对立统一的概念，探析庄子"齐物论"的理论依据，并重点论述道家的人生观，深入考察道家所关注的生死问题。道家"大患若身"的观念以及"无执"的生命态度，都是对生命的终极关怀。从这个角度出发，深入探讨道家推重的"守弱""寡欲""谨言""慎行""处下""慎终若始""知足不辱""知止不殆"的人生态度和"虚静""无为"等理念，并分析介绍了道家的治国理念、用兵原则。老子不仅是伟大的哲学家，是中国哲学优秀的代表人物之一，还是出色的政治家和军事家，他提出的"以正治国""以百姓心为心""尚慈""不贵难得之货""善建者不拔"等治国良策，在当代也有很多可资借鉴之处。本册对老子和庄子的思想做了客观详尽的系统性阐述。《道德经》一书五千言，字字珠玑，充满哲理与智慧，透过文字可见老子为人的谨慎。庄子和他的后学则更为洒脱不羁，都是编故事、讲故事的高手，他们笔下的故事大肆渲染、绘声绘色、引人入胜，把读者带入一个个无限高妙、甚至在常人眼中显得匪夷所思的境界。所有的故事都是论据，都为了证明他们高妙的论点——道。

第三，《戒定慧福——禅宗的佛家智慧》。本册首先简要俯瞰了中国佛学的历史和主要宗派，接下来从文化的视角梳理分析佛家文化的相关问题，抓住佛家文化的精神主旨——"诸恶莫作""众善奉行"，探讨了以禅宗为代表的中国佛家智慧，对佛家做了比较全面的诠释。在大量阅读佛教经典和古今中外相关学术著作的基础上，对佛家文化做出解读，认为佛家文化中的"梵我同一"高度契合了中国古代文化中的"天人合一"，禅修的最高境界就是达到最大程度的"天人合一"，如此一来，人就能感应到天地万物的发展与变化。

第四，《不战而胜——孙子的兵家智慧》。本册主要解读《孙子兵法》的兵家智慧。《孙子兵法》是深受国内外读者欢迎和喜爱的不朽名著。《孙子兵法》本身篇幅较短，结构紧凑，因此本书的结构主要遵从《孙子兵法》的结构，分为十三章，每章分为两节，第一节侧重释读孙子原著，第二节结合中国历史上的著名战役，通过优秀将领的成功战例以及失败者的惨痛教训来解读孙子的战略战术和战争理论。孙子提出了很多光辉的军事理论：首先，孙子敏锐地意识到战争的目的就是获取利益，就是所谓的"兵以利动"，因此，要以最小的代价获取最大的利益，最小的代价就是"兵不血刃"而克敌制胜，就是"不战而屈人之兵"，就是"完胜"。为了实现"完胜"的目标，在军事谋略上，孙子主张"远交近攻""上兵伐谋""未战而庙算"。孙子坚决反对打没有准备的仗，相反，他认为在战争打响之前，胜负就已经明确了，不需要靠作战来决胜负，这就是"胜兵先胜而后求战"。如果迫不得已要交战，就要努力做到"因粮于敌""充分利用地利条件"。孙子有一句名言——"兵者，诡道也"，真正到了战场上，就要"虚实相应""出奇制胜"，要"避敌锐气，击其惰归"。战争势必造成人力物力的巨大消耗，所以，孙子强调，"兵贵胜，不贵久"，要以最短的时间取得最大的胜利。关键时刻，还可以采取"火攻""用间"等必要手段，一切都是为了夺取胜利。孙子提出了"令之以文，齐之以武""犯三军之众，如使一人"等行之有效的军事管理理论，还从心理学的角度明确了"陷之死地然后生"的部署理论。本书通过中国历史上著名的战例来诠释和阐发孙子的光辉理论，力求做到内容丰富，生动有趣。

本丛书系统梳理各家思想精华并通过讲述"中国故事"的方式，将儒释道兵各家的哲学、智慧与中国故事融合起来，同时配以生动活泼的插图，介绍中华民族最优秀、最具代表性的传统文化，阐发中华民族的经典哲学智慧和核心价值观，旨在将中华优秀传统文化置于人类共有精神财富的坐标系中，努力让"智慧光芒穿透历史，思想价值跨越时空，历久弥新，成为人类共有的精神财富"。

本丛书解读儒释道经典时，注重对其核心智慧的理解与把握，而不以逐字逐句凿实的翻译为宗旨，既参考了方家的释译，也综合了笔者本人的观点。因为我们讨论的每种经典都有繁多的版本，以老子的《道德经》为例，历代注本多达百种，张祥龙教授曾经说："所以从《老子》一书能读出非常不一样的老子，我当初读了《老子》后，再去读河上公和王弼解释的《老子》，就非常吃惊：我的理解怎么跟他们差别那么大！后来到国外，读到很多《老子》的英译本，更是各有千秋，因为翻译也反映出了译者的理解。"（张祥龙：《拒秦兴汉和应对佛教的儒家哲学——从董仲舒到陆象山》，广西师范大学出版社2012版，第172页）我们所引原文主要依据了王弼注本和以陈鼓应《老子注译及评介》为蓝本的"大中华文库"之《老子》等版本，并依据中华书局的其他版本做了调整，《庄子》的今人注译参考了中华书局出的方勇译注本等，《论语》引文和解读则主要依据杨伯峻先生的《论语译注》等，在此诚表谢忱。笔者才疏学浅，不当之处，敬请方家指正。

翟江月

2019年春于烟台

目录

第一章 孔子的人生哲学

第一节　孔子的性格特点

孔子是一个什么样的人？孔子是我国历史上最伟大的思想家、哲学家、教育家，这是后人对他的评价；"子温而厉，威而不猛，恭而安"（《论语·述而》），这是门人弟子们对他的评价。那么，在孔子本人眼里，他自己是个什么样的人呢？

（一）务实勤奋

《论语·子罕》有这样一段记载："太宰问于子贡曰：'夫子圣者与？何其多能也？'子贡曰：'固天纵之将圣，又多能也。'子闻之，曰：'太宰知我乎！吾少也贱，故多能鄙事。'"子贡即端木赐，是颇受孔子青睐的学生，孔子是深受子贡尊重的老师。太宰和子贡两个人在一起讨论孔子，太宰说："孔子是圣人吗？怎么这么多才多艺？"子贡说："先生当然是圣人，天生多才多艺。"孔子听说了这件事后，太宰的敬佩、子贡的夸耀，并没有让他感到飘飘然，孔子只是平静地说："太宰知道我呀！

我从小经历贫贱，饱受磨难，因生活所迫所以掌握了很多生存的技能。"

《论语·子罕》中一个叫"牢"的人曾引用孔子的话，说："子云：'吾不试，故艺。'"意思是说，我年轻的时候没有去从政做官，因而掌握了很多技艺。孔子的这句话跟他的人生经历密切相关。孔子三岁的时候，父亲叔梁纥去世，他跟母亲回到了外祖父家。孤儿寡母，孔子小时候的生活自然是贫苦艰难的，他不得不学习一些生活技能，掌握谋生的本领。他勤奋好学，掌握了"礼、乐、射、御、书、数"，即礼节、音乐、射箭、赶车、识字、算术六种技艺，把自己锻炼成了文武全才。

（二）一以贯之

《论语·卫灵公》中有："子曰：'赐也，汝以予为多学而识之者与？'对曰：'然，非与？'曰：'非也，予一以贯之。'"这段话中的"赐"，是端木赐，就是上文提到的孔子的爱徒子贡。孔子问子贡："你是不是认为我是一个博学多闻的人？"子贡不假思索地反问道："当然了，难道不是吗？"孔子却说："不，你错了，我并非博学多闻之人，我不过是'一以贯之'而已。"孔子所谓的"一以贯之"，又是什么意思？终其一生，孔子到底在

坚持什么?

《论语·述而》中记载:叶公问孔子于子路,子路
不对。子曰:"汝奚不曰,'其为人也,发愤忘食,乐以
忘忧,不知老之将至云尔。'"叶公向子路打听孔子这个
人怎么样,子路却不作任何回答。子路后来把这件事告诉
了孔子,孔子说:"你当时就应该这么跟他说:他这个
人,非常勤奋('发愤忘食'),非常乐观('乐以忘
忧'),不把生老病死等烦恼放在心上('不知老之将
至')。"此篇中还说:"子曰:'若圣与仁,则吾岂
敢。抑为之不厌,诲人不倦,则可谓云尔已矣。'"孔子
说:"我怎敢自称是圣人、仁人呢?我只不过向着这个目
标努力,并孜孜不倦地教书育人而已。"

可见,孔子自认为是个勤奋乐观的人。他勤奋地学
习,也勤奋地教书育人,学道又传道。这毕生的坚持和努
力,应该就是孔子的一贯追求,也是我们对"一以贯之"
的准确解读。

(三)君子坦荡荡

"君子坦荡荡,小人长戚戚。"(《论语·述而》)

孔子是个坦荡荡的君子。"子曰:'二三子以我为隐
乎?吾无隐乎尔。吾无行而不与二三子者,是丘也。'"

（《论语·述而》）他对弟子们说："你们是不是以为我有什么隐瞒？其实我什么都没有瞒着你们，我所有事情都跟你们分享了，我就是这么一个人！"孔子自视为一个胸怀坦荡的人。

我们看看孔子在一些场合中的自我评价。《论语·述而》中，他说："文，莫吾犹人也，躬行君子，则吾未之有得。"这句话大致的意思是：就学问而言，我跟别人都差不多，但是在知行合一、身体力行方面，我还没有完全做到。这是孔子在反省自己的不足。但是，对于自己能做到的，他也不加掩饰地对自己予以肯定。比如，《论语·子罕》中他说："出则事公卿，入则事父兄，丧事不敢不勉，不为酒困，何有于我哉？"出门侍奉公卿，回家侍奉父兄，尽心尽力地办好丧事，不会因为酗酒而误事等，自己都能做到。这是孔子对自己的肯定。可见孔子十分清楚自己的优点，也能清醒地意识到自己的缺点。

孔子的坦荡，还表现在他的临危不惧。《论语·述而》中，他说过这样一句话："天生德于予，桓魋其如予何？"上天赋予我德行，桓魋能把我怎么样呢？孔子遭遇桓魋的事情，发生在孔子仕途失意周游列国时离开曹国去往宋国的路上。当时孔子正在一棵大树下给弟子们讲习周礼，宋国司马桓魋想杀死孔子，孔子险些丧命。幸好桓魋只是拔掉了那棵大树，没有对孔子动手。弟子们发觉情势危急，催促孔子赶快逃命，孔子就说了这句临危不惧、大义凛然的话。

（四）幽默活泼

孔子的幽默活泼，表现在他不失时机地自我调侃。《史记·孔子世家》记载，孔子前往郑国，路上跟弟子们走散了，他独自站在外城东门。有个郑国人看见他，就对子贡说："东门有个人，额头长得像唐尧，脖子像皋陶，肩膀像子产，腰以下比夏禹短了三寸，瘦瘠疲惫，活脱脱一条丧家之犬。"子贡如实地把这个人的话转告了孔子。孔子听后不但没有恼怒，反而欣然一笑，说："他说的形状样貌，倒没什么。但说我像条丧家狗，说得太对了！太对了！"孔子的平易与豁达，由此可见一斑。

《论语·阳货》中记载了孔子会见宾客的几个小事例，生动地塑造出了孔子幽默活泼的形象。

阳货欲见孔子，孔子不见，归孔子豚。孔子时其亡也，而往拜之。遇诸涂。谓孔子曰："来！予与尔言。"曰："怀其宝而迷其邦，可谓仁乎？"曰："不可。——好从事而亟失时，可谓知乎？"

曰："不可。——日月逝矣，岁不我与。"孔子曰：
"诺，吾将仕矣。"

　　阳货想见孔子，孔子避而不见，他便赠送给孔子一
只做熟的小猪，目的是想要孔子去回访他。孔子也事先做
了一些打探，趁着阳货不在家时前去拜谢。然而人算不如
天算，孔子没料到会在半路上遇见阳货。阳货对孔子说：
"来，我有句话要跟你说！把自己的本领隐藏起来，听
任国家陷入迷惑混乱，这能算仁吗？——不能。"阳货又
说："喜欢参政议政却屡次错过机会，这能算智吗？——
不能。"阳货接着说："时间在一天天流逝啊，岁月不等
人。"孔子只好说："好吧，我准备出仕了。"
　　阳货是季孙氏的家臣，季孙氏是鲁国国君的宠臣。鲁
国当时由季孙氏、孟孙氏、叔孙氏把持着朝政大权，国君
已经被架空。但是三大权臣各自又被自己的家臣挟持着，
因此，阳货在鲁国可谓大权在握，是炙手可热的人物。孔
子对于鲁国的政治现实深感忧虑和不满，所以对于阳货本
人也不待见。不过，既然阳货来拜访，并且还送了礼，孔
子如果不回访，就是来而不往，"非礼也"。孔子显然不
会让自己背负一个失礼的名声，只好去回访，但是又不想
见到此人，怎么办？只好瞅着他不在家的时候去。这个小

小的细节，生动勾画出了孔子的形象，他是一个活生生的人，也有自己不想干的事，也有迫不得已的时候。

孺悲欲见孔子，孔子辞以疾。将命者出户，取瑟而歌，使之闻之。

有一个叫孺悲的人，也慕名想拜见孔子，但是孔子不想见他，于是就推脱自己生病了，不便见客。传信的人刚刚出了门，孔子就取过瑟一边弹奏一边大声歌唱，还故意让孺悲听到。这个故事里的孔子，甚至有点调皮任性了，圣人跟常人的距离，不知不觉被拉近了。

子之武城，闻弦歌之声。夫子莞尔而笑，曰："割鸡焉用牛刀？"子游对曰："昔者偃也闻诸夫子曰：'君子学道则爱人，小人学道则易使也。'"子曰："二三子！偃之言是也。前言戏之耳。"

孔子到武城去，听到弹琴唱歌声，孔子微笑着说："杀鸡何必用宰牛刀？"子游闻听此言，说："以前我听先生说过：君子学了礼乐就能关爱他人，小人学了礼乐就容易听从使唤。"孔子说："同学们，言偃说得对。我刚才说的话是开个玩笑而已。"这个故事是"杀鸡焉用牛刀"这个俗语的来历。孔子并非不苟言笑，他也是一个喜欢开玩笑的人，跟弟子之间谈笑风生，关系融洽，其乐融融。

（五）偶有失落

《论语·宪问》中有这样一段话："子曰：'莫我知也夫！'子贡曰：'何为其莫知子也？'子曰：'不怨天，不尤人，下学而上达。知我者其天乎！'"孔子感慨没有人了解自己。尽管如此，他还是"不怨天，不尤人，下学而上达"。

人在做，天在看，孔子相信上天看得见，上天也会理解他。阳春白雪，曲高和寡，知音者稀，自古圣贤皆孤独。孔子在"不怨天，不尤人""知我者其天乎"之类自我宽慰的慨叹中，是不是于豁达中也流露出了几丝惆怅？

第二节　孔子的做人原则

孔子的做人原则，主要有如下几条：

（一）不在其位，不谋其政

孔子经常说"不在其位，不谋其政"，意思是要做好自己的本职工作，但是不要僭越。

战国初期的韩昭侯，有一次喝醉酒睡着了，掌帽官怕他着凉，就给他盖上了衣服。韩昭侯睡醒后问身边的侍从："谁给我盖的衣服？"侍从回答说："是掌帽官。"韩昭侯便同时处罚了掌衣官和掌帽官。韩昭侯处罚掌衣官，是因为他该给自己盖衣服而没有盖，这就是失职；处罚掌帽官，是因为掌帽官越权，盖衣服不属于他的职权范围，他却擅自越权行事。这个故事中，韩昭侯并非不担心自己受寒着凉，而是认为臣下超越职权行事对君权和国家的危害远远大于着凉。孔子对此是否也深以为然呢？

（二）见利思义

> 子路问成人。子曰："若臧武仲之知，公绰之不欲，卞庄子之勇，冉求之艺，文之以礼乐，亦可以为成人矣。"曰："今之成人者何必然？见利思义，见危授命，久要不忘平生之言，亦可以为成人矣。"（《论语·宪问》）

子路向孔子请教怎样才算成人？孔子说："如果具备臧武仲的智慧，孟公绰的克制，卞庄子的勇敢，冉求的才艺，再接受礼乐的熏陶教化，就算是一个成人了。"孔子接着又说："现在的成人何必一定要求具备上述种种呢？面对利益时能想到义，国家陷入危险时能献出生命，久处穷困能不忘平生许下的诺言，这样也可以算作是成人了。"

很多情况下人的本性是经不住考验的，见利忘义的人居多，因此，"见利思义"就难能可贵。

（三）道不同，不相为谋

孔子说："道不同，不相为谋。"（《论语·卫灵公》）同声相应，同气相求，物以类聚，人以群分。一个人该如何定位自己？该站到哪个队伍里？这是一个头等重要的问题。

那么，到底应该引谁为同道呢？孔子说："主忠信，毋友不如己者，过则勿惮改。"（《论语·子罕》）做人要忠信，不忠不信的人，不是我们的同类；不如自己的人，不要跟他走得太近并成为朋友；有了过错，就不要怕改正。

孔子说："笃信好学，守死善道。危邦不入，乱邦不居。天下有道则见，无道则隐。邦有道，贫且贱焉，耻也；邦无道，富且贵焉，耻也。"（《论语·泰伯》）孔子认为，如果适逢治世明君，身处贫贱，那是一种耻辱。

因为，世道清明，正是有才干的人发挥作用的大好时机，如果身处贫贱，说明你没有才干，或者没有足够的智慧去争取到展露自己才干的机会。相反，如果世道混乱，君主昏庸，在这种情况下出仕为官并博取到富贵，那只是一种耻辱，因为这些所谓的荣华富贵当然是来路不正的。

孔子"道不同，不相为谋"的原则，还体现在他对持不同主张和信仰之人的态度上。

> 长沮、桀溺耦而耕，孔子过之，使子路问津焉。长沮曰："夫执舆者为谁？"子路曰："为孔丘。"曰："是鲁孔丘与？"曰："是也。"曰："是知津矣。"问于桀溺。桀溺曰："子为谁？"曰："为仲由。"曰："是鲁孔丘之徒与？"对曰："然。"曰："滔滔者天下皆是也，而谁以易之？且而与其从辟人之士也，岂若从辟世之士哉？"耰而不辍。子路行以告。夫子怃然曰："鸟兽不可与同群，吾非斯人之徒与而谁与？天下有道，丘不与易也。"（《论语·微子》）

孔子在离开叶县返回蔡国的路上迷了路。这时，长沮和桀溺正一起在地里干农活，孔子师徒一行路过，孔子打发子路去问一下渡口在哪里。长沮问子路："那个拿着缰绳的是谁？"子路说："是孔丘。"长沮接着问："是鲁国的孔丘吗？"子路说："正是。"长沮说："那你不用问了，他就知道渡口在哪里。"子路又去问桀溺。桀溺说："您是谁？"子路说："我是仲由。"桀溺接着说："你就是鲁国那个孔丘的门徒吗？"子路说："正是。"桀溺说："天下到处如洪水猛兽一般，你们跟谁去改变这种现状呢？而且与其跟随避人之士，为什么不跟随我们这样的避世之士呢？"说完，头也不抬地继续干活。子路回来后把情况报告给了孔子。孔子怅然若失地说："人不能与禽兽为伍，我不同世人打交道还跟谁打交道呢？如果天下太平，我就不用费这个劲了。"

　　这件事发生在孔子周游列国之际，当时的孔子大约六十岁，刚刚进入所谓"耳顺"的年纪，事业上正遭遇着各种不顺，四处碰壁。长沮和桀溺是两位高蹈避世的隐士，属于道家人物，奉行跟儒家完全不同的人生观和价值观，跟积极用世的孔子完全是两路人。孔子因而发出了"鸟兽不可与同群"的感慨，他说"天下有道，丘不与易也"。自己之所以如此孜孜不倦地努力，就是因为天下无道，而他的理想，就是弘扬大道，希冀天下大治。所以，他从不选择"事不关己，高高挂起"的人生态度，他必须

要为理想而奋斗。孔子一生都在寻求施展自己才干、实现自己政治理想的机会。

（四）谨言慎行

孔子做人是十分谨慎的。"子不语怪、力、乱、神"（《论语·述而》），"子罕言利与命与仁"（《论语·子罕》）。对于自己没有绝对把握的事情和本质上难以验证的东西，孔子一向保持缄默，绝不信口雌黄。

孔子说："邦有道，危言危行；邦无道，危行言孙。"（《论语·宪问》）意思是，国家有道，要正言正行；国家无道，行为还要保持正直，但说话要谨慎。孔子深知做人要谨慎的道理，避免祸从口出，惹火烧身。

《论语·述而》中记载：

　　子路曰："子行三军，则谁与？"子曰："暴虎冯河，死而无悔者，吾不与也。必也临事而惧，好谋而成者也。"

子路问孔子："如果您统帅三军，将会选择跟谁合作呢？"孔子说："赤手空拳跟老虎搏斗，徒步涉水过河，死都不后悔的人，我是不会跟他合作的。我一定要选择遇事小心谨慎、善于谋划并能够完成任务的人。"孔子讨厌暴虎冯河、死而无悔的匹夫之勇。这种人虽然视死如归，但有勇无谋，不能成就大事。孔子所欣赏的，是临事而惧、足智多谋之人。

子路提的这个问题，孔子的答案似乎比较有针对性，因为在孔子眼里，子路恰恰就是一个暴虎冯河、死而无悔的人。《左传·哀公十五年》和《史记·卫康叔世家》记载了子路之死：子路曾经在卫国执政大臣孔悝家做家臣，对孔悝忠心耿耿。公元前480年，在卫出公与父亲蒯聩争夺王位的激烈斗争中，子路大义凛然地保卫自己的主人孔悝，最终寡不敌众，被杀身亡。临死之前，还不忘整理好自己的帽子，十分有尊严地死去。

当子路听说主人孔悝被蒯聩胁持时，不顾一切赶去救援，路上与同在卫国做大夫的孔门弟子子羔相遇。子羔劝子路不要去送死，子路却觉得不能丢下主人自己逃命。子路选择了英勇赴死，子羔却全身而退。

孔子在鲁国听说卫国政变，寝食不安，总是念叨："柴也其来，由也死矣！"孔子熟悉每位弟子的个性，他深知子羔不会参与到政变中，他多半会逃回鲁国，而子路最讲义气，绝对不会丢下孔悝自己逃生，所以多半会性命难保。几天后，孔子的预料全部得到了证实，子羔回来

了，而子路的死讯也传来了。

（五）勇于担当

孔子说"人能弘道，非道弘人"（《论语·卫灵公》），他还说"事君，敬其事而后其食"（《论语·卫灵公》）。为了国事，废寝忘食，甚至将生死置之度外。曾子说："士不可以不弘毅，任重而道远。仁以为己任，不亦重乎？死而后已，不亦远乎？"（《论语·泰伯》）曾子是孔子的得意弟子，也深受孔门后学尊重。曾子认为，一个真正的士人一定要把弘扬"仁"当作自己毕生的责任，任重道远，死而后已。

孔子师徒一行离开卫国前往陈国时，经过匡地，匡人误把孔子当作鲁国的阳虎。阳虎跟匡人素有很深的过节，于是匡人把孔子捉住并拘禁起来，当时的情势十分危急，孔子生死未卜，弟子们非常恐惧，孔子却临危不惧，处之泰然。他说："文王既没，文不在兹乎？天之将丧斯文也，后死者不得与于斯文也；天之未丧斯文也，匡人其如予何？"（《论语·子罕》）很显然，他把弘扬文王之道作为自己的毕生事业。

（六）言行相顾

孔子说："古者言之不出，耻躬之不逮也。"（《论语·里仁》）孔子认为，君子说话是很谨慎的，做不到的事情就不会先说出来。说出来的话，如果做不到，在君子看来就是极大的耻辱。

孔子说："其言之不怍，则为之也难。"（《论语·宪问》）事实就是这样，大言不惭的结果，只是给自己徒增难堪而已。所以他说"君子耻其言而过其行"（《论语·宪问》），君子不能言过其行。他还说"君子欲讷于言而敏于行"，又说"以约失之者鲜矣"（《论语·里仁》）。不轻易承诺，就不容易食言。这都是孔子做人的经验之谈，值得借鉴。

战国时期，赵国大将赵奢曾以少胜多，大败秦军，被赵惠文王提拔为上卿。赵奢的儿子赵括，从小熟读兵书，谈论军事没有人能说得过他。赵括因此很骄傲，自以为天下无敌。然而他父亲赵奢却感到很担忧，认为他不过是纸上谈兵。赵奢曾这样预言道："将来赵国不用赵括为将罢了，假如任用他为将军，他一定会让赵军遭到惨败。"果然，公元前259年，秦国大军来犯，赵军在长平（今山西高平市附近）抵抗。那时，赵奢已经去世，廉颇负责指挥全军。廉颇虽然年事已高，但战略战术非常高明，秦军无法取胜。秦国很清楚，远征别国，务求速胜，战事拖延下去将对己方十分不利。为了尽快取得胜利，秦国就实施了"反间计"，派人到赵国散布谣言，谎称"秦军最害怕赵奢将军的儿子赵括"。赵王闻听此言，信以为真，连忙派赵括代替廉颇指挥作战。赵括自认为饱读兵书，生搬硬套兵书上的话，彻底颠覆了廉颇的作战方案。结果，四十多万赵军被全部歼灭，赵括自己也被秦军乱箭射中身亡。赵括的"纸上谈兵"是一个典型的空谈误国的例子，他为自己留下洗刷不掉的污点，成为千百年来的笑柄。

（七）唾弃虚伪

孔子平生最看不惯的就是虚伪的人。评价一个人，不要听他说什么，而是要看他做什么。可能一开始的时候，孔子是很容易轻信别人的话的。孔子有一个学生叫宰予，字子我。他伶牙俐齿、很会说话，可能开始凭口舌之利得到孔子的喜欢。但是时间久了，本质就暴露出来了，白天睡觉！孔子很生气地批评他说："朽木不可雕也，粪土之墙不可圬也；于予与何诛？"对于这种光说不练的人，我还有什么好说的呢？正是这个宰予，给孔子上了生动的一课，改变了孔子观察衡量人的角度、立场和思路。孔子

说："始吾于人也，听其言而信其行；今吾于人也，听其言而观其行。于予与改是。"（《论语·公冶长》）

孔子总结出的识人经验不外乎"八面玲珑没好人，甜言蜜语没好人"。他反复说："巧言令色，鲜矣仁。"（《论语·学而》）他还说："巧言、令色、足恭，左丘明耻之，丘亦耻之。匿怨而友其人，左丘明耻之，丘亦耻之。"（《论语·公冶长》）再次申明自己对巧言令色、表面恭敬之人的厌恶。孔子对明明心里不喜欢对方却表现出很友好模样的虚伪之人深恶痛绝。在孔子看来，说得动听的人，没有德行，也缺乏仁爱之心，这样的人为祸深远，甚至会颠覆整个国家。

除了能说会道的人，孔子还厌恶没有原则、缺乏立场、凡事喜欢和稀泥的好好先生。他说："乡原，德之贼也。"（《论语·阳货》）他更讨厌色厉内荏的小人，他说："色厉而内荏，譬诸小人，其犹穿窬之盗也与？"（《论语·阳货》）色厉内荏的小人，跟穿墙入户的盗贼没什么区别。孔子始终坚持做人的道德原则。

（八）不求闻达

孔子说："君子疾没世而名不称焉。"（《论语·卫灵公》）一辈子默默无闻，会让君子感到痛心疾首。言外

之意是，人人都追求好名声，君子也不例外，孔子本人当然也不例外。

那么，什么是好名声？好名声就是所谓的"闻达"。关于闻达，子张和孔子之间有一段对话：

子张问："士何如斯可谓之达矣？"子曰："何哉，尔所谓达者？"子张对曰："在邦必闻，在家必闻。"子曰："是闻也，非达也。夫达也者，质直而好义，察言而观色，虑以下人。在邦必达，在家必达。夫闻也者，色取仁而行违，居之不疑。在邦必闻，在家必闻。"（《论语·颜渊》）

子张问："士，怎样才能称得上'达'？"孔子说："你说的'达'是什么意思？"子张答道："在朝廷中有名望，在封地里有名望。"孔子说："这只是徒有虚名，不是'达'。所谓'达'，是品质正直，遵从礼义，善于察言观色，谦恭待人。这样的人，无论在朝廷还是在大夫之家都能通达。徒有虚名的人，表面上装作仁，行动上却违背仁，但是他却以仁人自居而丝毫不感到惭愧，并很享受这虚名。"

孔子指出，"闻"与"达"不同。"闻"是虚名，而

"达"则要求具备仁、义、礼等德行，注重道德修养，增益自己的才干，而不是追求虚名。真正的君子，在自己的才干和品质没有得到外界认可之前，不应该怨天尤人，要时刻保持一颗平常心。《论语》中，孔子几次申明这样的观点和立场：

> 人不知，而不愠，不亦君子乎？（《论语·学而》）
>
> 不患人之不己知，患不知人也。（《论语·学而》）
>
> 不患无位，患所以立。不患莫己知，求为可知也。（《论语·里仁》）
>
> 不患人之不己知，患其不能也。（《论语·宪问》）
>
> 君子病无能焉，不病人之不己知也。（《论语·卫灵公》）

孔子认为，只要一个人不断砥砺自己的品质，不断增益自己的才干，总能得到外界的认可。这就是孔子所谓的"不患莫己知，求为可知也""不患人之不己知，患其不能也"的意思。

是金子，总会发光的。只要你有德行、有才干，怎么会一直被埋没呢？

（九）勿攻人之恶

孔子还有一条很重要的做人原则——"勿攻人之恶"，即不要说别人的坏话。有一次，弟子樊迟跟随孔子游于舞雩台下，樊迟向孔子请教如何"崇德""修慝""辨惑"，即怎样提高品德修养？怎样修正内心邪念？怎样辨清迷惑？"子曰：'善哉问！先事后得，非崇德与？攻其恶，勿攻人之恶，非修慝与？一朝之忿，忘其身，以及其亲，非惑与？'"（《论语·颜渊》）孔子说："问得好！先致力于把事做好，再谈收获，不就是提升品德吗？多做自我批评，不说别人的坏话，不就是修正内心的邪念吗？出于一时气愤就忘记安危，以至于牵连到亲人，这不就是迷惑吗？"孔子认为提高个人修养，就是要踏实做事，不要过多考虑物质利益，要严格要求自己，不要过多指责别人，还要善于控制情绪等等。

孔子不仅自己牢牢遵循闲谈莫议人非的做人原则，也不允许弟子们背后道人是非。有一次子贡背后说别人的坏话，传到孔子耳朵里，孔子说："赐也贤乎哉？夫我则不暇。"（《论语·宪问》）孔子批评子贡说："子贡啊！你觉得自己做得够好吗？我反正是没有功夫说别人的坏话。"

孔子还强调要"乐道人之善"（《论语·季氏》），跟上文所谓的"勿攻人之恶"相辅相成。

"或问子产。子曰：'惠人也。'问子西。曰：'彼哉！彼哉！'"（《论语·宪问》）有人问孔子是怎么评价子产这个人的，孔子说："惠人也。"意思是子产这个人，心系百姓，能够让百姓得到切实的利益。那人接着又问子西是个怎样的人？子西，就是楚国的令尹子西，他在楚国做到令尹——相当于宰相的高位，阻挠过孔子的政治事业。楚昭王准备征召孔子时，子西劝昭王放弃了这个打算。子西应该是担心孔子到了楚国受到重用，从而威胁到自己的地位和利益。嫉贤妒能，是绝大多数人的本性。从这个意义上，可以说子西是孔子的政敌。这个提问的人，无疑给孔子出了一个大难题。孔子是怎么回答的呢？孔子说："彼哉！彼哉！"孔子只是说："他呀！他呀！"然后就不置可否，没有下文了。对于自己的政敌，孔子也不会趁机攻击，方显君子本色。

（十）友直，友谅，友多闻

《论语》开篇第一条语录就是："学而时习之，不亦说乎？有朋自远方来，不亦乐乎？人不知，而不愠，不亦君子乎？"（《论语·学而》）"有朋自远方来"，当然是件令人开怀的事情。

孔子认为，朋友要一分为二，一种是对自己有所裨益的朋友，一种是对自己有所损害的朋友。他是这样说的："益者三友，损者三友。友直，友谅，友多闻，益矣。友便辟，友善柔，有便佞，损矣。"（《论语·季氏》）对自己有裨益的朋友有三种：正直的人，诚信的人，知识见闻广博的人。对自己有损害的朋友也有三种：不走正道的人，阿谀奉承的人，花言巧语的人。正能量的朋友能够互相帮助、互相提升，让彼此成为更加完美的自己。这就是曾子所谓的"君子以文会友，以友辅仁"（《论语·颜渊》），一定要结交对自己有益的朋友。

孔子强调"无友不如己者"（《论语·学而》），即不要跟比自己差的人交朋友。孔子显然注意到了人与人之间的互相影响，警惕负面的东西影响并拉低了自己。

（十一）过勿惮改

孔子说"过则勿惮改"（《论语·学而》）。有了过错，不要害怕改正。孔子曾感慨"加我数年，五十以学《易》，可以无大过矣"（《论语·述而》）。这句话揭

示了一个问题——孔子也是会犯错误的，而且可能是不小
的错误，所以，他才懊悔没有早点精心研读《周易》，他
认为，那样一来就能避免犯重大的错误。

犯了错误不要紧，关键是要"过勿惮改"。犯了错
误立即改正的话，是可以被原谅的。"过而不改，是谓过
矣。"（《论语·卫灵公》）如果犯了错误拒绝改正，那
就是真的错了。子贡说过："君子之过也，如日月之食
焉：过也，人皆见之；更也，人皆仰之。"（《论语·子
张》）君子的过失，如同日食、月食。有了过失，大家都
能看到；改了，大家都仰望他。

能否改过，还是区分君子与小人的标准。君子过勿
惮改，小人却反之，子夏说"小人之过也，必文"（《论
语·子张》）。小人犯了错误，总是文过饰非。而且，这
个社会上小人远比君子多，以至于孔子发出了这样的感
慨："已矣乎，吾未见能见其过而内自讼者也。"（《论
语·公冶长》）意思是："算了吧，我还没见过发现自己
的错误便内心自责的人呢。"他认为如果一个人犯了错
误，一定不要推脱责任，要首先找出自身的原因与不足。

《世说新语·自新》记载了周处除"三害"的故事：
周处年轻的时候，性格强悍，使气任侠，被同乡人认为是
一大祸害。另外，义兴的河中有条蛟龙、山上有只白额

虎，二者一起侵害百姓。义兴的百姓把周处和蛟龙、白额虎并称为"三害"，而这"三害"中周处为害最大。有人劝说周处去杀死猛虎和蛟龙，实际上是希望三个祸害互相拼杀，同归于尽。周处杀死了老虎后，又下河斩杀蛟龙。蛟龙在水里有时浮起有时沉没，周处与蛟龙一起漂了几十里远。三天三夜后，同乡人都认为周处已经死了，大家在一起互相庆祝。周处终于杀死蛟龙从水里出来了。他听说乡里人是以为自己已死而互相庆贺，才知道自己一直被当作一大祸害。他有了悔改的心意，但心里又非常沮丧，于是就到吴郡去找寻陆机和陆云以求指点。当时陆机不在，只见到了陆云，周处就把情况详细地告诉了陆云，并说自己想要改正错误，可是岁月已经荒废，怕最终也不会有什么成就。陆云说："古人珍视道义，认为早晨听闻了圣贤之道，即便晚上就死去也甘心，况且还有大好的前途在等着你呢。再说，人就怕不立志，如果有了志向，又何必担忧好名声不能远扬呢？"周处从此改过自新，最终成为历史上有名的忠臣。

（十二）浩然正气

孔子的一生，是奔走弘道的一生，是为理想鞠躬尽瘁、死而后已的一生。"三军可夺帅也，匹夫不可夺志也"，"岁寒，然后知松柏之后凋也"（《论语·子罕》）。孔子的这些话，都充满大义凛然的浩然正气，成为励志名言。

《论语·微子》中记载："周公谓鲁公曰：'君子不施其亲，不使大臣怨乎不以。故旧无大故，则不弃也。无求备于一人！'"周公对鲁公说："君子不疏远自己的亲属，不让大臣们抱怨不受重用。旧友老臣没有重大过失，就不要抛弃他们，对别人不要求全责备。"孔子一生，时时处处以周公为楷模，周公不求全责备的做人标准，也直接影响了孔子。

（十三）持之以恒

孔子还强调做人做事要持之以恒。孔子说："譬如为山，未成一篑，止，吾止也。譬如平地，虽覆一篑，进，吾往也。"（《论语·子罕》）他说："南人有言曰：'人而无恒，不可以作巫医。'善夫！""不恒其德，或承之羞。"（《论语·子路》）任何人都不会随随便便成功。成功的背后都是洒满汗水的辛勤努力和付出。没有恒心的人，最终将一事无成，当然也不值得委以重任。

（十四）保持距离

不管是侍奉国君还是结交朋友，都不要走得太频、靠得太近。儒家主张学而优则仕，但是为人为官要把握分寸、掌握距离。《论语·里仁》中借子游的口说："事君数，斯辱矣；朋友数，斯疏矣。"做人要懂得物极必反的道理，保持一定距离最安全。

（十五）戒骄戒躁

做人更要戒骄戒躁。孔子说："如有周公之才之美，使骄且吝，其余不足观也已。"（《论语·泰伯》）即便才比周公，如果骄傲而吝啬，也就不足挂齿了。孔子还主张严以律己，宽以待人，他说："躬自厚而薄责于人，则远怨矣。"（《论语·卫灵公》）

孔子还向往自由自在的快意人生，当他跟弟子们在野外看到一群野鸡舞动翅膀自由飞翔时，不由得心生羡慕，发出"山梁雌雉，时哉时哉"（《论语·乡党》）的感慨。"子曰：'述而不作，信而好古，窃比于我老彭。'"（《论语·述而》）孔子自称述而不作，他是无为的，不人为给自己增添压力；他信而好古，又是负责的。他闲居的时候，并非正襟危坐，而是"申申如也，夭夭如也"，十分无拘无束、自在惬意。

孔子的形象是生动丰富的，他有喜怒哀乐，也有恻隐之心。"子食于有丧者之侧，未尝饱也"（《论语·述而》），他在跟家中有丧事的人一起吃饭时，从来不吃饱，这不是恻隐之心吗？"子于是日哭，则不歌"（《论语·述而》），这不是正常人的喜怒哀乐吗？

第三节　迫切的用世之心

> 子疾病，子路请祷。子曰："有诸？"子路对曰："有之。《诔》曰：'祷尔于上下神祇。'"子曰："丘之祷久矣。"（《论语·述而》）

有一次，孔子生病了，子路为孔子祈祷。孔子听说了就问子路："有这么回事吗？"子路回答说："有。古书上也记载道：'向天地上下的神明祷告。'"孔子说："我祈祷了很久了。"子路无疑是祈祷自己的老师赶快好起来。那么，孔子又祈祷什么呢？这就需要了解孔子内心最强烈的愿望是什么。

《论语·子罕》中记录了子贡和孔子之间一段有趣的对话："子贡曰：'有美玉于斯，韫椟而藏诸？求善贾而沽诸？'子曰：'沽之哉！沽之哉！我待贾者也。'"
子贡和孔子的对话，像是用了隐语。子贡说："有一块无
价美玉，是把它放在精美的盒子里珍藏起来，还是高价卖
掉呢？"子贡用美玉来比喻才华抱负绝世的孔子，用这种
方式委婉地询问孔子是否想出仕，在社会上施展自己的才
干。对于子贡的意图，孔子当然心知肚明，他很干脆地
说："卖了吧！卖了吧！我在等待一个好价钱。"言外之
意，是在寻求一个很好的从政的机会。春秋时期，诸侯争
霸，谁能独具慧眼，给自己提供一个安邦治国的绝好机
会呢？

　　机会总是姗姗来迟，所以，孔子在河边发出一声
无可奈何的感叹："逝者如斯夫，不舍昼夜！"（《论
语·子罕》）

　　孔子一生为了实现自己的理想而孜孜努力。他深知自
己的能力和水平，十分自信地说："苟有用我者，期月而
已可也，三年有成。"（《论语·子路》）我们来看看孔
子积极进取的一生中为理想努力奋斗的主要事迹。

（一）积极用世的少年

　　孔子自称"十有五而志于学"，他从小学习"诗、
书、礼、乐、射、御"，掌握了丰富的文化知识和生活技

能。在他踌躇满志准备崭露头角的时候，却遭遇了政治生涯中的第一次打击。孔子的母亲去世之后，鲁国权臣季孙氏宴请名士，孔子在服丧期间前往赴宴，结果被阳虎（即前文中的"阳货"）戏弄了一番后拒之门外。那时，孔子还是一个十七岁的少年。这件事情，对年少气盛的他无疑是个不小的打击。

但是，从另一方面看，孔子得知季孙氏举办宴会结交名士，自己在没有受到邀请的情况下就主动赴宴，也可以推知孔子的自信与抱负，他很早就展现出了强烈的用世之心。

孔子的理想很"丰满"，现实却很"骨感"。直到二十岁，他才做了"委吏"——管理仓库的会计。二十一岁时，改做"乘田吏"——管理牛羊畜牧的小吏。孟子说："孔子尝为委吏矣，曰：'会计当而已矣。'尝为乘田矣，曰：'牛羊茁壮长而已矣。'"（《孟子·万章下》）意思是说，他做会计的时候，把账目做得清清楚楚；他做管理牛羊畜牧小吏的时候，要求把牛羊喂养得膘肥体壮。无论什么工作，他都尽力做到最好。平心而论，以孔子的才干，做会计和小吏这样的工作，实在是有些委屈，会计和小吏的职位，距离他的理想还很遥远。

（二）穿梭于齐鲁大地

孔子所处的时代，是什么样子呢？《论语·季氏》中说："孔子曰：'禄之去公室五世矣，政逮于大夫四世矣，故夫三桓之子孙微矣。'"鲁国从宣公、成公、襄公、昭公到定公的五代国君中，政权旁落权臣之手已经有四代了。鲁国炙手可热的权臣即孟孙、叔孙、季孙，他们都出于鲁桓公，所以又叫"三桓"。孔子预言"三桓"的子孙也要衰微了。鲁国的形势岌岌可危，孔子又深感无能为力。孔子对于鲁国前程的深深忧虑，体现出他强烈的济世责任感。

公元前517年，鲁昭公二十五年，季平子因与郈昭伯斗鸡，得罪了鲁昭公，昭公率师进攻季平子，季平子与孟孙氏、叔孙氏三家共同反攻昭公，昭公兵败后流亡齐国。孔子也因为鲁国这次大乱带弟子去往齐国，做了高昭子家臣，并借此机会觐见了齐景公。《论语·颜渊》中说："齐景公问政于孔子。孔子对曰：'君君，臣臣，父父，子子。'公曰：'善哉！信如君不君，臣不臣，父不父，子不子，虽有粟，吾得而食诸！'"

没过几天，齐景公又就政事咨询孔子的意见，孔子说"政在节财"（《孔子家语·贤君》）。孔子认为，政府要减少不必要的开支，王公贵族不应奢侈无度，要爱惜民财。

齐景公对孔子的政治眼光还是赞赏有加的，于是打算把"尼溪之田"封给孔子。齐景公的赏识，应该给孔子带来了光明和希望。如果一切顺利，他很可能会受到重用，就有机会实现自己的抱负了。但是，齐国当朝权臣晏婴跟孔子意见相左，晏婴极力阻挠此事，致使孔子的希望落空。《史记·孔子世家》中记载晏婴说了一段貌似有理有据、足以让齐景公改变初衷的话："夫儒者滑稽而不可轨法；倨傲自顺，不可以为下；崇丧遂哀，破产厚葬，不可以为俗；游说乞贷，不可以为国。自大贤之息，周室既衰，礼乐缺有间。今孔子盛容饰，繁登降之礼，趋详之节，累世不能殚其学，当年不能究其礼。君欲用之以移齐俗，非所以先细民也。"晏婴这番话非常有针对性地攻击孔子，让齐景公改变了主意。

后来，齐景公再见到孔子，依旧对他彬彬有礼，却不再就国家大事征询他的意见。齐景公这样委婉地对他说："我老了，也不能采纳执行您的建议了。"再后来，齐大夫中有人预谋陷害孔子，此事传到了孔子那里，孔子意识到自己的希望化为泡影，于是离开齐国返回鲁国。据说当时形势十分险恶，孟子说"孔子之去齐，接淅而行"

（《孟子·万章下》），孔子当时正在做饭，仓促中把正在淘的米一把提起来就上路了，一边走，那米还一边滴滴答答地淌水呢。这个细节不仅很生动，还给我们透露出一个信息：孔子是个务实的人，尽管年薪不低——粟米六万，但他也很会过日子，情急之下赶路，还不忘提上淘好的米。

（三）政治生涯的起落

孔子从齐国回到鲁国，又经历了大约十四年的漫长等待才迎来他人生中政治事业的短暂辉煌。

孔子曾说过这样一段话："后生可畏，焉知来者之不如今也？四十、五十而无闻焉，亦不足畏也已。"（《论语·子罕》）这句话的意思十分明显，如果一个人到了四五十岁还没有一番作为的话，那他就"不足畏"。这是孔子评价别人的标准。不难推知，孔子认为一个有能力、有才干的人，应当在四五十岁之前，就将自己的实力付诸行动转化为价值证明给这个社会了。如果到了四五十岁还是一事无成，也基本上不会再有大的作为了。我们应该看到，这一年，孔子已经五十岁了，他的政治抱负至此还一直无法施展。彼时彼刻，孔子的内心一定是十分焦急的，就如上文中他自己所说的——"丘之祷久矣"。

他花了太多的生命去等待。不过这一次，机会终于来了。公元前501年，即鲁定公九年，孔子被任命为中都宰，鲁国的中都位于今山东省汶上县西边。孔子治理一年就卓有政绩，"四方则之"——周围地区都来向他学习取经。因此，第二年他由中都宰升为司空，这段时期应当是孔子政治事业的顶峰。齐鲁两国"夹谷之会"，孔子又立下大功（详见本书第七章第三节之"文治与武功同步"）。

孔子"夹谷之会"的汗马功劳没有被埋没，公元前499年，鲁定公十一年，孔子被任命为鲁国大司寇，鲁国取得大治。孔子任大司寇的第二年，下决心削弱私家以强公室，他向鲁定公建议："家不藏甲，邑无百雉之城，古之制也。今三家（三桓）过制，请皆损之。"（《孔子家语·相鲁》）按照古代的规矩，卿大夫的家中不能私藏兵器铠甲，封地内不能建城墙长度超过三百丈的都城，而当时季孙氏、叔孙氏、孟孙氏三家大夫的城邑都逾越了礼制，孔子请求鲁定公削减三家的势力。孔子准备攻取"三桓"的都邑。当时叔孙氏、季孙氏的家臣各据其都反叛，叔、季二氏表示支持这一主张。于是，孔子先拆毁了叔孙氏的郈邑和季孙氏的费邑。但是攻取费邑时发生了一个小插曲：费邑宰公山不狃乘鲁国都城空虚，率费人进攻国都曲阜，孔子命令申句须、乐颀两位大夫率部反击，公山不狃在姑蔑被打败后，逃奔齐国，于是成功攻取费邑。可是在攻取孟孙氏的成邑时，却因为受到孟孙氏家臣公敛处父的强烈抵制而失败，攻取三都大计至此半途而废。尽管计划失败，但是这一举措本身彰显了孔子卓越的政治眼光。

攻取三都的失败，并没有影响到孔子的政治生涯。鲁定公十三年，由大司寇孔子代理国相事务。他治理国家短短三个月时间，效果显著：卖猪羊的不随意抬价；男女行路分道而走；遗失的东西没人捡走；从四方来的客人全部被予以接待，如同回到家中一般。

鲁国政治修明让齐国感到恐惧，齐国担心孔子当政，鲁国就会称霸，这样就直接威胁到齐国。齐王采纳大夫黎锄的建议，挑选国中漂亮女子八十人，给她们穿上华丽服装，排练好舞蹈，连同一百二十匹宝马一起馈赠给鲁君。当齐人将盛装女乐和骏马陈列在鲁国都城南面的高门外时，季桓子和鲁君终日耽于女乐，懒于处理政事。子路对孔子说："您可以走了。"孔子还抱有一丝幻想，他说："鲁国将要举行郊祀，如果能将祭肉分送大夫的话，我还可以留下。"结果，季桓子接受齐国女乐后三天没上朝听政，举行郊祀典礼后也不给大夫分发祭肉。孔子于是离开了鲁国，踏上了周游列国的漫漫之旅。

（四）十四年漫漫周游路

孔子离开鲁国来到卫国，曾约见卫灵公夫人南子，引起子路不满。卫灵公与南子还让孔子作为次乘一起坐车招摇过市。"吾未见好德如好色者也"的话，就是孔子对卫灵公的评价。这句话，不仅表露出孔子对卫灵公的失望，大概也暗含着对自己会见南子并跟她一同乘车招摇过市的懊悔吧。

孔子在卫国期间，卫灵公曾经向孔子请教排兵布阵，孔子说："俎豆之事则尝闻之，军旅之事未之学也。"（《史记·孔子世家》）那么，孔子当真只重视礼仪而不屑于军事与兵法吗？事实未必如此。

孔子曾说"善人教民七年，亦可以即戎矣"，还说"以不教民战，是谓弃之"（《论语·子路》）。可见在孔子的治国理念中，军事与礼仪都是非常重要的，不能顾此失彼。那么，孔子对卫灵公所说的"军旅之事未之学也"，似乎应该理解为他对卫灵公深深失望之际的冷言拒绝。果然第二天，卫灵公跟孔子交谈时，空中飞来一群大雁，卫灵公仰头看雁，对孔子心不在焉。孔子于是离开卫国。

孔子离开卫国后，决计西行投奔晋国的赵简子。赵

简子很有作为，孔子开始是寄希望于他的。但是当孔子走到黄河边上时，听说赵简子杀害了两个贤人，不由得临河而叹。我们似乎可以想见孔子站在黄河岸边感叹的情景。"逝者如斯夫，不舍昼夜"（《论语·子罕》），面对一去不复返的滔滔河水，孔子大概想起了如流水般逝去的岁月，从而由衷感慨吧。世间，无一不是泗水的人，都在时间的河流里徒劳地挣扎。

显然，赵简子也不是他心中所期待的执政者。孔子不得已返回卫国，然后又去了曹国和宋国。在去往宋国途中，孔子与弟子习礼于枎树之下，宋国司马桓魋想害孔子，派人把大树砍倒。孔子微服而行，逃到郑国，郑国也不接待他，只好取道前往陈国。

孔子六十岁时，季康子派人召见孔子的弟子冉求。孔子意识到鲁国将要重用冉求，临行前，孔子对冉求说了这样一句话："鲁人召求，非小用之，将大用之也。"这一天，孔子还说了这样一句话："归乎！归与！吾党之小子狂简，斐然成章，吾不知所以裁之。"（《史记·孔子世家》）回去吧，回去吧，我们家乡的后生有才干、有出息！我都不知道该怎么办了！子贡闻听此言，明白孔子渴慕回到鲁国。为冉求送行的时候，他叮嘱冉求说："假如回国受到重用，一定别忘了举荐咱们的老师孔先生啊！"

公元前489年，吴国伐陈，孔子离开陈国经过蔡地去往负函时，在陈蔡之间被困，绝粮七日，弟子们都因为饥饿病倒了，孔子依然弦歌不止，这成为广为传颂的轶事。楚昭王打算重用孔子，特地派人奉上厚礼来聘请，并有意把书社七百里的土地封给孔子。但是，昭王的计划遭到令尹子西的强烈阻拦，即将到来的机会再度化为泡影。由于孔门弟子多仕于卫，在弟子们强烈要求下，孔子返回卫国。

直到公元前484年春天，齐国进攻鲁国，冉求率领季孙氏左师与齐军战于鲁郊，大败齐军。季康子问他如何学会领兵作战的，冉求回答说是跟孔子学习过兵法，乘机向季康子推荐了孔子。季康子派公华、公宾、公林持厚礼迎请孔子归鲁，孔子终于结束了长达十四年颠沛流离的生活。

然而，非常遗憾的是，鲁国最终没能重用孔子，孔子于是专心聚徒讲学并从事文献整理，删订《诗经》《尚书》《礼经》《乐经》《周易》《春秋》等。

孔子一生孜孜追求的是实现自己的政治理想，却不得已发出了"凤鸟不至，河不出图，吾已矣夫"（《论语·子罕》）的感慨，表现出他备受打击后极度失望的心情。

第二章 孔子的教育哲学

第一节 学习之道

孔子说"吾十有五而志于学",还说"十室之邑,必有忠信如丘者焉,不如丘之好学也"(《论语·公冶长》)。孔子认为一个只有十户人家的小城邑中,必定有跟自己一样忠信可靠之人。但是,自己跟他们的区别在于:自己比他们更加酷爱学习!他说:"我非生而知之者,好古,敏以求之者也。"(《论语·述而》)天才都出自汗水和勤奋。他又说:"默而识之,学而不厌,诲人不倦,何有于我哉?"(《论语·述而》)看到知识就默默地记住;好学上进从不感到满足;不把知识据为己有,而是孜孜不倦地传授知识、教书育人,以上三种,孔子自认为都做到了。学习是辛苦的事情,育人是崇高的事业,孔子是个既勤奋吃苦又慷慨无私的人。他说"朝闻道,夕死可矣"(《论语·里仁》),还说"志于道,据于德,依于仁,游于艺"(《论语·述而》)。孔子一生都在奉行着他朝闻夕死的圭臬。

（一）学什么？

孔子本人学什么？孔子让他的弟子们学习什么科目和内容？这是一个有趣的问题。

第一，"孔门四科"。

《论语·先进》中记载："德行：颜渊，闵子骞，冉伯牛，仲弓。言语：宰我，子贡。政事：冉有，季路。文学：子游，子夏。"后人多依此把孔子教学的内容分为"德行""言语""文学""政事"四科，又叫"孔门四科"。在这四科中，还有学得非常好、成绩特别突出的弟子充当"课代表"。德行科最突出的是颜渊、闵子骞、冉伯牛、仲弓；言语科最突出的是宰我、子贡；政事科最突出的是冉有、季路；文学科最突出的是子游、子夏。这些都是孔子的得意门生。

《论语·述而》中说："子以四教：文，行，忠，信。"这个记载跟刚刚提到的"孔门四科"不尽相同。

第二，学《周易》。

孔子十分重视《周易》，他曾说："加我数年，五十以学《易》，可以无大过矣。"（《论语·述而》）这句话表明，孔子学习《周易》是五十岁以后的事情。

孔子出于对《周易》的推崇和酷爱，还为其做"十翼"。孔子觉得假如自己从五十岁就开始系统学习的话，他的人生就能少犯错误。可见，智者希望用《周易》指导自己的人生。世间万物都处于不断的变化之中，学好《周易》就能更好地感知这些变数，把握自己的人生。说到底，这在本质上还是追求"天人合一"的境界。孔子已经意识到了这一点，所以才如此重视《周易》。

第三，学文武之道。

卫公孙朝问于子贡曰："仲尼焉学？"子贡曰："文武之道，未坠于地，在人。贤者识其大者，不贤者识其小者。莫不有文武之道焉。夫子焉不学？而亦何常师之有？"（《论语·子张》）

卫国大夫公孙朝问子贡："孔子的学问是哪里来的？"子贡说："周文王、周武王之道，并没有失传，还在世间流传。贤人了解它的大体，不贤之人了解它的末节，文武之道无处不在。先生何处不能学？又何必要师从固定的老师呢？"

第四，学《诗经》。

《论语·季氏》中有这样一段记载：

陈亢问于伯鱼曰："子亦有异闻乎？"对曰："未也。尝独立，鲤趋而过庭。曰：'学诗乎？'对曰：'未也。''不学诗，无以言。'鲤退而学诗。他日，又独立，鲤趋而过庭。曰：'学礼乎？'对曰：'未也'。'不学礼，无以立。'鲤退而学礼。闻斯二者。"陈亢退而喜曰："问一得三，闻诗，闻礼，又闻君子之远其子也。"

陈亢，即孔子的弟子陈子禽，他私下里问孔子的儿子伯鱼："你在老师那里单独听到过什么特别的教诲吗？"言外之意是，你是孔子的亲儿子，孔子是不是单独给你开过小灶？伯鱼回答说："小灶倒是没有。不过，有一次他独自站在堂上时，我刚好快步从庭院里走过，他问我：'好好学诗了没？'我老实回答说：'没有。'他说：'不学诗，就不会说话。'我回去后就开始好好学诗了。还有一次，他又独自站在堂上，我快步从庭院里走过，他问我：'学礼了没？'我回答说：'没有。'他说：'不学礼，就不会立身处世。'我回去后就开始学礼了。我就从他那里听到过这两件事。"陈亢听了高兴地说："我一个问题，得到了三个收获：明白了学诗的重要性，明白了学礼的道理，明白了君子不偏爱自己儿子。"

孔子特别强调《诗》的作用，他说过"兴于《诗》"。孔子为什么如此重视《诗》？《论语·为政》中有："子曰：'《诗》三百，一言以蔽之，曰：思无邪。'"《诗》，用一句话来概括就是"思无邪"。"邪"与"正"对，"无邪"就是"正"，也叫"中正"，是儒家重要的道德标准。

至于学习《诗》的重要性和意义，孔子是这样说的："小子何莫学夫诗？诗，可以兴，可以观，可以群，可以怨。迩之事父，远之事君；多识于鸟兽草木之名。"（《论语·阳货》）孔子这段话，也是文学史家在解读《诗》时所采纳的著名的"兴观群怨"说的出处。学习《诗》，可以体会把握比兴，可以激发感情，学会观察了解天地万物、人间万象，懂得如何与人相处，并本着怨而不怒的原则进行讽谏。近可以用来侍奉父母，远可以侍奉君主。至少还可以开阔一下眼界和思路，多掌握一些鸟兽草木的名字。

孔子对儿子孔鲤说："女为《周南》《召南》矣乎？人而不为《周南》《召南》，其犹正墙面而立也与？"（《论语·阳货》）《周南》《召南》是《诗》中的篇名，这里代指《诗》。孔子反复强调学习《诗》的重要性，认为不学好《诗》，人生就会处处碰壁。

第五，学礼。

孔子说"不学礼，无以立"，又说"君子博学于文，约之以礼，亦可以弗畔矣夫！"（《论语·颜渊》）

孔子所谓的礼，是相传为周公所作并被孔子奉为圭臬的《仪礼》和《周礼》。孔子的教育宗旨，就是"博学于文""约之以礼"。孔子教学内容也可以分为"文"与"礼"两大方面，"礼"是孔子教学不可或缺的部分。

礼是行为规范。"不学礼，无以立"，就是指不懂行为规范，就不知道怎么做事，也就不能立身处世。

（二）怎么学？

孔子是历史上最负盛名的大教育家。关于学习方法，他有许多精辟的经验和理论，这些至理名言是教育学上的宝贵财富，无论过去、现在还是将来，都能够指导我们的教学。《论语》中关于如何学习的格言有：

子曰："学而时习之，不亦说乎？"（《论语·学而》）

子曰："温故而知新，可以为师矣。"（《论语·为政》）

子曰："学而不思则罔，思而不学则殆。"（《论

语·为政》)

子曰:"由,诲女知之乎!知之为知之,不知为不知,是知也。"(《论语·为政》)

子曰:"三人行,必有我师焉:择其善者而从之,其不善者而改之。"(《论语·述而》)

子曰:"学如不及,犹恐失之。"(《论语·泰伯》)

子曰:"吾尝终日不食,终夜不寝,以思,无益,不如学也。"(《论语·卫灵公》)

孔子的教育理念是非常先进的。我们说兴趣是最好的老师,这个道理孔子早在两千多年前就意识到并且总结出来了。他说:"知之者不如好之者,好之者不如乐之者。"(《论语·雍也》)对所学习的知识有兴趣,才能学得好,这是不言而喻的。

学习,是孔子终其一生的爱好。他"日知其所亡"(《论语·子张》),每天知道所未知的,每天都能学到新知识,每天都有进步。今天的自己,超越了昨天的自己;明天的自己,又将超越今天的自己。善于学习的人生,是一个螺旋上升的过程。

"学而时习之"(《论语·学而》),"温故而知

新"(《论语·为政》），孔子强调复习的重要性。只有
把学过的知识好好复习，才能加深理解，才能消化掌握。
从古到今，这也是放之四海而皆准的重要学习规律。还要
把学习和思考结合起来，二者互为前提条件，一定要有机
结合，才能达到最佳状态。

孔子还说"知之为知之，不知为不知"（《论语·为
政》）。这句至理名言，启发了无数人在学习的道路上实
事求是、脚踏实地。"羊质虎皮者辱"，千万不要不懂装
懂，否则就会闹笑话，自取其辱。

《列子·汤问》中记载了一个家喻户晓、广为流传的
故事：

孔子东游，见两小儿辩斗，问其故。一儿曰：
"我以日始出时去人近，而日中时远也。"一儿以日
初出远，而日中时近也。一儿曰："日初出大如车
盖，及日中则如盘盂，此不为远者小而近者大乎？"
一儿曰："日初出沧沧凉凉，及其日中如探汤，此不
为近者热而远者凉乎？"孔子不能决也。两小儿笑
曰："孰为汝多知乎？"

有一天，孔子到东方去游历，看到两个小孩儿争得面

红耳赤、互不相让，便上前问原因。一个小孩儿说："我认为太阳刚出来的时候离人近，中午的时候离人远。"另一个小孩儿却认为太阳刚出来的时候离人远，而中午时离人近。第一个小孩儿说："太阳刚出来的时候像车盖一样大，到了中午却像个盘子，这难道不是远的时候看起来小而近的时候看起来大吗？"第二个小孩儿说："太阳刚出来的时候感觉有点清凉，到了中午却像开水一样热，这难道不是近的时候感觉热而远的时候感觉凉吗？"孔子也不能决断。两个小孩儿笑着说："谁说您知识渊博？"

即便面对的是黄口小儿，孔子也不会不懂装懂。承认自己的无知，才是大智慧。

（三）为什么学习？

第一，提升人生层次。

"百工居肆以成其事，君子学以致其道。"（《论语·子张》）孔子说："生而知之者上也，学而知之者次也；困而学之，又其次也；困而不学，民斯为下矣。"（《论语·季氏》）孔子把芸芸众生分为四个层次，第一个层次是生而知之——一出生就无所不通、具足智慧，这样的人是神仙；第二个层次是学而知之，孔子认为自己是"学而知之"——通过学习积累知识；第三个层次是困而

学之，大多数人都是在现实中感觉到自己掌握的知识不够用了，才反过头来学习，这样的人比较多见；第四个层次是困而不学，即便一窍不通、什么都不会也不学习，这样的人就无可救药了，只能成为社会最下等的人。可见，学习是提升人生层次的重要途径，不学无术的人，只能沦落社会下层。

第二，崇德，修慝，辨惑。

提升自身修养的过程。首先是崇德，就是要培养自己的德行。先付出，把事情做好，再谈收获。其次是修慝，即修正自己的错误与不足，对别人不要求全责备，尤其不要背后说人坏话。再次是辨惑，要学会控制自己的情绪，避免一怒之下伤害自身和他人，造成不可弥补的后果。《论语·颜渊》中记载子张向孔子请教如何崇德、辨惑时，孔子又给出了略微不同的答案，他说："主忠信，徙义，崇德也。爱之欲其生，恶之欲其死。既欲其生，又欲其死，是惑也。"忠信守义就是崇德。其实这个说法跟上文并不矛盾，先踏实做好事情，再要求回报，这不就是义吗？"爱之欲其生"，本是我们与所爱的人之间的常态，可是如果被激怒了，在怒不可遏的情况下，就难免"恶之欲其死"，这也是实际生活中会发生的情形。孔子显然也意识到了人性中的这一弱点——有时不能控制自己的情绪，所以自我修养的一个十分重要的方面，就是要克制怒火，这跟佛家所谓的"怒烧功德林"是同样的道理。

毫无疑问，一个有修养的人，一定是懂得克制的人。

第三，学而优则仕。

孔子说："多闻阙疑，慎言其余，则寡尤；多见阙殆，慎行其余，则寡悔。言寡尤，行寡悔，禄在其中矣。"（《论语·为政》）子张想从政，向孔子取经。孔子建议他要多听多看，没有把握的话不说，没有把握的事不做，言行谨慎，就能少犯错误。说话少过失，做事少后悔，官职俸禄就水到渠成了。孔子教导子弟："盖有不知而作之者，我无是也。多闻，择其善者而从之；多见而识之；知之次也。"（《论语·述而》）

孔子并不赞成食古不化的书呆子，而是要求学以致用。他说："诵诗三百，授之以政，不达；使于四方，不能专对；虽多，亦奚以为？"（《论语·子路》）学习《诗》能有什么用呢？学了《诗》，就要会处理政事，出使四方国家的外交场合，也能灵活对答，这就是学习的目的。孔门许多弟子学成之后，都到各国去做官。其中很多在卫国，所以孔子周游列国十四年的漫长岁月里，大部分的时间待在卫国，就是因为那里孔门弟子很多。孔子被弟子们邀请过去，等待并寻找实现理想的机会。

（四）不学习的弊端

《论语·阳货》中记载孔子和子路之间的一段对话：

> 子曰："由也，汝闻六言六蔽矣乎？"
>
> 对曰："未也。"
>
> "居，吾语汝。好仁不好学，其蔽也愚；好知不好学，其蔽也荡；好信不好学，其蔽也贼；好直不好学，其蔽也绞；好勇不好学，其蔽也乱；好刚不好学，其蔽也狂。"

孔子说："仲由，你听说过六种品德、六种弊病吗？"子路答道："没有。"孔子说："来，你坐下，我告诉你。爱仁德，却不爱学习，弊病就是容易被人愚弄；爱耍小聪明，却不爱学习，弊病就是容易流于放荡而无节制；爱诚实，却不爱学习，弊病就是容易被人利用，反而害了自己；爱直率，却不爱学习，弊病就是说话尖刻，刺痛人心；爱勇敢，却不爱学习，弊病就是捣乱闯祸；爱刚强，却不爱学习，弊病就是胆大妄为。"无论你多么刚强正直、仁爱诚信，如果不学习，都会不可避免地犯下大错。历史上有几例沉痛的教训：

公元前638年，宋国与楚国在泓水边上作战。宋军已经排成阵势，楚军尚未完全渡河，宋襄公不愿趁此大好机会出兵攻击；楚军渡河以后，尚未布好阵势之前，宋襄公也不愿趁机攻击。等到楚军阵势部署整齐之后，宋襄公才率部与楚军交锋。结果，宋军惨败，宋襄公自己腿上也受了伤。人们都将宋军惨败归罪于宋襄公，宋襄公却说："君子不伤害已经受伤的人，不擒捉头发花白的人。古代作战，不在险隘之处攻击敌人。我纵然是殷商亡国的后裔，却不攻击没有布好阵势的敌人。"宋襄公的惨败，充分说明了"好仁不好学"的弊端。

《庄子·盗跖》中记载：古时有个叫尾生高的青年，与一位女子在桥下约会。女子还没来，山洪暴发了，他坚决守约，不肯离去，最后抱着桥柱被大水淹死了。我们不认可如此这般的"坚贞爱情"，这正是"好信不好学"的弊端。

《吕氏春秋·仲冬纪·当务》中记载：齐国有两个号称十分勇敢的人，一个住在东城，一个住在西城。有一天，这两个人在路上相遇，互相说："一起喝几杯吧！"酒过几巡，他们商量道："弄点下酒的肉吧！"一个说："您身上有肉，我身上也有肉，为什么要去别处弄肉呢？只要准备点酱就行了。"于是两人抽出刀割自己身上的肉下酒，最终吃死了自己。这个故事，表明"好勇不好学"的弊端。

其实，所有美好的德行，都应该以智慧为统帅。智慧从哪里来？答案是唯一的——学习。

第二节　教学之道

孔子是伟大的教育家，我们还可以在"伟大"之前冠以"最"字——孔子是最伟大的教育家。

（一）教学相长

教学相长，是指教的人、学的人都同步提高了，这应当是教育的最高境界。《礼记·学记》中这样说："是故学然后知不足，教然后知困，知不足然后能自反，知困然后能自强，故曰教学相长也。"意思是说，学习了以后才知道自己的不足；教育别人之后才会发现自身的困惑。知道自己的不足之后，才能反省自己；感到困惑之后，才能提升自己。因此说，教与学可以互相促进。

《论语·八佾》中记载了一个教学相长的故事：

　　子夏问曰："'巧笑倩兮，美目盼兮，素以为

绚兮'何谓也？"子曰："绘事后素。"曰："礼后
乎？"子曰："起予者商也！始可与言诗已矣。"

孔子的学生子夏，"孔门十哲"之一，也是"七十二
贤"之一，是孔子后期学生中的佼佼者。他才思敏捷，以
"文学"著称。子夏少时家贫，苦学而入仕，曾做过鲁国
太宰。据《史记·儒林列传》记载，孔子去世后，子夏来
到魏国的西河（今山西河津）讲学，授徒三百，当时的名
流李克、吴起、田子方、李悝、段干木、公羊高等都是他
的学生，连魏文侯都"问乐于子夏"，尊他为师，这就
是有名的"西河设教"。子夏在跟随孔子学习时，曾问孔
子：《诗》中的"巧笑倩兮，美目盼兮，素以为绚兮"是
什么意思？孔子回答说："这是说先有白色底子，然后才
画花。"子夏又问："那么，是不是礼乐的产生在仁义以
后呢？"孔子听了之后，非常高兴，回答说："卜商呀，
你真是能启发我的人。现在我可以同你讨论《诗》了。"
子夏从孔子所讲的"绘事后素"中，领悟到"仁为先，礼
在后"的道理，这反过来又进一步启发了孔子，所以孔子
很高兴，认为可以和子夏一起探讨《诗》了。博学如孔
子，在教育学生的过程中，有时也会受到学生的启发，进
一步丰富自己的学识。师生之间，相得益彰。

（二）有教无类

孔子奉行"有教无类"（《论语·卫灵公》）的原则。孔子办学的规模相当大，孔门弟子众多，据说有三千多人，其中比较著名的弟子也有七十二人。孔子的弟子，也是形形色色。孔子自己是这样说的："自行束脩以上，吾未尝无诲焉。"（《论语·述而》）无论是谁，只要有心学习，哪怕只带了一捆干肉过来拜师，孔子也从不拒绝，一律加以教诲。孔子是一个和蔼可亲又严厉有加的老师，从不将前来求学的人拒之门外。

《荀子·法行》中记载：南郭惠子问子贡："孔门弟子中，怎么什么样的人都有？"子贡的回答是："君子一视同仁，一碗水端平，想来投师的，老师都不会拒绝；想退学走人的，老师都不会阻止。如同一个医术精湛的名医，肯定有各种各样的病人前来求医；一个能工巧匠，能把弯曲不直的木头加工成精美家具和器皿。因此，孔门学子也很繁杂。"

孔门弟子的出身、个性的确各不相同，我们且来认识一下其中比较有名的几位：

颜回，字子渊，鲁国人。他比孔子小三十岁，是最为孔子所钟爱的弟子，一再受到孔子的褒奖，孔子这样评价

他："贤哉，回也！一箪食，一瓢饮，在陋巷，人不堪其忧，回也不改其乐。"（《论语·雍也》）孔门弟子中，颜回品质最好，"不迁怒，不二过"，学习最刻苦，对老师也最尊重。但是他一生贫贱，三十一岁就早早去世。颜回死后，孔子极其悲恸，忍不住放声大哭，他是把颜回视同自己亲生的儿子了。

端木赐，字子贡，卫国人。子贡口才极好，孔门还有一个口才极佳的人——宰我。宰我白天睡觉，孔子讨厌他，却对子贡青眼有加。齐相田常攻打鲁国的时候，鲁国派子贡出使各国争取外援营救鲁国。子贡出使齐国、吴国、晋国、越国，凭着自己的三寸不烂之舌，存鲁、乱齐、破吴、强晋而霸越，转了一圈就牵动五国之政。子贡还十分精明，他会做生意，赚到盆满钵满，富得流油。每次出使，车仆之盛，堪比王侯，又仗着身为孔子高徒，与诸侯抗礼。儒学的昌盛，与子贡大声势、大排场的宣传密不可分。子贡是真正的聪明人，智商和情商都很高，孔子十分喜欢他。

仲由，字子路，国别不详。他比孔子小九岁。子路性格粗鄙，喜好勇力，个性耿直，曾经对孔子相当粗暴无礼。但是，孔子不计前嫌，以礼谆谆诱导子路，而子路禀性难移，后来仍多直言，几次顶撞冒犯孔子。子路同样以

政事闻名，后来死于卫国王室夺位之乱，被剁成了肉酱。孔子得知后，十分悲恸，从此不食肉糜。子路死后没有多久，孔子本人也因病离世。

曾参，字子舆，鲁国人，他比孔子小四十六岁。曾参是有名的大孝子，他的继母经常虐待他，而他越发孝行谨慎。有一次因为自己的妻子给继母蒸的梨不熟，他居然把妻子休了。还有一天，他去地里锄草，不小心弄断了一棵秧苗，他的父亲曾点大动肝火，操起一根大棍打得他昏死过去。曾参苏醒后，马上强装出一副活蹦乱跳的样子，表示自己没有受伤，目的是让父亲安心，然后又强装欢快进屋弹琴，以免父亲还为这事感到内疚。曾参这么做，可能真的有点过分了，即便孔子听说了此事，也大发脾气，骂他不懂"小杖则受，大杖则走"的道理，其实是大不孝。孔子的意思是：明知道老父亲拿着那么粗的大棍子发狠暴打自己，还不赶快跑走躲开？如果真的被打死了，岂不是陷父亲于不义不慈之地，让父亲背上恶名吗？孔子的理由，在今天看来似乎也有些过分。曾参意识到自己的错误，并向孔子请罪。

闵损，字子骞，鲁国人。他比孔子小十五岁，以德行著名，孔子称赞他的孝道。闵子骞不仕大夫，不食官府俸禄，品格十分高尚。山东省济南市至今有一条以闵子骞命名的路——"闵子骞路"，这条路就在山东省最高学府山东大学旁边，闵子骞的精神依然激励着当代的莘莘学子。

冉耕，字伯牛，鲁国人。他也是以德行著称。冉伯牛曾经得过恶疾，有人说是麻风病，十分难愈。孔子本人亲自去探望卧病的学生，一看到冉伯牛奄奄一息地躺在病床上，孔子来不及走进屋里，情急之下直接从窗子伸进手去。在孔子所处的时代，窗子是没有玻璃的。孔子紧紧拉住冉伯牛的手，连连叹息感慨道："怎么能让这个人得这种病呢！怎么能让这个人得这种病呢！"在病痛面前，孔子甚至开始怀疑并质询命运了。

冉雍，字仲弓，鲁国人。他跟冉伯牛属于同一宗族。仲弓的父亲是出了名的恶人，但是仲弓并没有因为父亲的罪过而遭到孔子的嫌弃，相反，孔子认为仲弓本人很有才干。他说："雍也，可使南面。"（《论语·雍也》）南面就是坐北朝南，也就是指挥江山，掌管社稷。有资格担当一国之君这一重任的人并不多见，可见孔子十分认可仲弓的才干。

冉求，字子有，通常称"冉有"，鲁国人。他与冉耕、冉雍是同族。冉有比孔子小二十九岁，曾经做过鲁国权臣季氏的管家。尽管孔子对于季氏家族十分不感冒，但是并没有因此而将冉有拒之门外。冉有多才多艺，以政事闻名，在"孔门四科"中，是政治"课代表"。冉有深谙政治，因为他这个人最擅长锦上添花、趋炎附势，所以孔子并不喜欢他。他为季氏聚敛财富的时候，孔子生气地让弟子们去"鸣鼓而击之"——大张旗鼓地讨伐他。

卜商，字子夏，晋国人。他比孔子小四十四岁。子夏学习不错，曾经因为对《诗》钻研得深入透彻而受到孔子赏识。孔子去世后，子夏在西河施教。他治学非常严谨，敢于大胆质疑经史之谬误。当听到有人说史志中有"晋师伐秦，三豕渡河"的说法时，子夏当即质疑道："'三豕'应该是'己亥'之笔误。"带着这个疑问，读史志的人请教了一个学问大家，证明果真如子夏所说，是"己亥"之误。子夏因此而名重天下，卫国人将他奉为圣人，魏文侯尊他为老师，并向他咨询国家大政。

宰予，字子我，亦称"宰我"，鲁国人，口才极好。可能开始的时候，他凭着三寸不烂之舌博得了孔子的好感和喜爱，可是后来光说不练，白天睡觉，被孔子骂作"朽木不可雕，粪土之墙不可圬"，宰我也因此闻名百代。孔丘很不喜欢这位巧舌如簧的门生，经常拿话来噎他。有道是，会说是福，口才好是老天赐给他的巨大财富，宰我也凭借口才在齐国混了个临淄大夫的官，但后来参与田常作乱被杀，株连宗族。孔子对此感到耻辱，并把宰我作为反

面教材。所以，孔子认为评价一个人，不要听他说了什么，而是要看他做什么。孔子是这样说的："始吾于人也，听其言而信其行；今吾于人也，听其言而观其行。"（《论语·公冶长》）这句话的意思是：开始我对人比较轻信，人家说什么，我就听信了什么。后来，我不这么容易听信别人的说辞了，而是要看看他究竟做了什么，是否能兑现说辞。而且，孔子还补充了这样一句——"于予余改是"——是宰我叫我改变了做法，教我学会了如何观察衡量人。

澹台灭明，字子羽，鲁国人。他比孔子小三十九岁（或作四十九岁）。这个人相貌丑陋，孔子开始不太喜欢他。后来他南游江淮，为人果敢，率直重诺，从游弟子多达三百人，声名鹊起。孔子听说后，不无感慨地说："吾以貌取人，失之子羽。"看来，颜值确实重要啊，就连孔子也偶尔会犯以貌取人的毛病。但是，孔子敢于承认自己的缺点，这一点却是难能可贵的。

原宪，字子思，宋国人，他比孔子小三十六岁。子思为人清静守节，安贫乐道。孔子去世后，他退隐草泽中。子贡在卫国为相时，曾摆着大排场去过子思家，看到他衣冠褴褛，子贡心里有点瞧不上，就说："您居然乐于过这种清贫的日子，真是有病！"子思答道："我听说，没钱是贫穷；辛苦学道后却不奉行，才是有病。像我这样，是贫穷，而并非有病。"子贡感到惭愧，后悔自己说错了话。

公冶长，字子长，齐国人。据说，公冶长身怀绝技，能听懂鸟兽的语言。用现代标准衡量，可能是个优秀的禽类或动物学家。不仅如此，公冶长为人还很有肚量，能忍人所不能忍之耻辱。孔子说"可妻也"（《论语·公冶长》），意思是说，公冶长是个好老公，哪个女人嫁给他都是福气。孔子还真把他招做了自己的女婿。孔子的择婿标准，值得后人学习参考。首先，得有一技之长，公冶长精通鸟兽语言，就是一般人难以企及的长处；其次，为人一定要厚道！孔子怎能安心把自己的亲生女儿托付给一个不厚道的人呢？

南宫适（《史记》作南宫括，古代"括""适"同音），字子容，鲁国人。他为人有大智慧，世清不废，世浊不污。孔子曾赞叹道："这个人真是君子啊，品行高尚得很呢！"孔子把自己的亲侄女——跛脚哥哥孟皮的女儿嫁给了他。孔子为侄女挑选老公，同样注重品行。

宓不齐，字子贱，鲁国人。他比孔子小三十岁（或作四十九岁）。宓子贱做过单父宰，为人有才智，而且心怀仁爱，政绩卓越，孔子称赞他是君子。

高柴，字子羔，齐国人。他比孔子小三十岁（或作四十岁）。高柴姓高，却长得矮，他是个侏儒，身长不足五尺，相貌也很丑陋。孔子开始以为他愚钝，不怎么看重他。高柴曾被子路提携，作了费郈宰。后来卫国发生内乱，卫出公父子争夺君位，子路为了捍卫自己的主子惨遭杀害，高柴则全身而退。孔子称赞他足够机智，能明哲保身。

曾点，字子皙，曾参之父，他曾经拿着大棒差点把亲生儿子曾参打死。有一次孔子曾经让弟子们各言其志，唯独称赞曾点"浴乎沂，风乎舞雩，咏而归"（《论语·先进》）的潇洒情志。由此可见，曾点这个人有一些道家情怀。

孔门弟子中，孟懿子、司马牛是贵族子弟，仲弓出身贫贱，颜回家清贫到箪食陋巷，子思家简陋到蓬户瓮牖，子贡曾经迫于生计去做买卖，子路粗野鲁莽，子羔身材矮小，澹台灭明相貌丑陋……弟子们之间年龄差距也很大，有的甚至父子同窗，这正是孔子"有教无类"的具体表现。

（三）因材施教

孔子说："不愤不启，不悱不发。举一隅不以三隅

反，则不复也。"（《论语·述而》）孔子的教育理念是，不到了内心反复求索而得不到答案时，就不去开导他；不到了想表达而说不出来时，就不去启发他。一定要等到时机成熟，这样就会事半功倍。

这段话表明，孔子作为一个教育家，已经观察总结出积极主动学习的重要性。只有积极主动地学习与思考，才能收到良好的效果。一个人，如果被动学习，内心却没有学习的愿望和兴趣，就只能是左耳进右耳出，或者左眼进右眼出，所学的东西根本不会入脑，更不会入心。这样的学习，根本达不到理想的效果。

《论语·先进》中记载了一个孔子因材施教的故事：

子路问："闻斯行诸？"子曰："有父兄在，如之何其闻斯行之？"冉有问："闻斯行诸？"子曰："闻斯行之。"公西华曰："由也问闻斯行诸，子曰'有父兄在'，求也问闻斯行诸，子曰'闻斯行之'。赤也惑，敢问。"子曰："求也退，故进之；由也兼人，故退之。"

子路问孔子："听到一件合于义理的事，就要去做吗？"孔子说："有父兄在上，怎能一听到就去做？"冉有问道："听到一件合于义理的事，就要去做吗？"孔子却说："听到了，就去做。"同一个问题，孔子却给出了不同的答案，公西华感到很不解，于是就向孔子请教道："仲由问听到一件合于义理的事，就去做吗？先生说有父兄在上。冉求问听到一件合于义理的事，就去做吗？先生说听到了，就去做。这令我感到迷惑，请问这是什么缘故？"孔子说："冉求生性退缩，所以鼓励他进取；仲由生性好胜，所以要让他懂得退让。"只有准确把握每个学生的具体情况，才能做到有针对性地因材施教。

第三节　师徒情谊

我们从孔子对弟子的了解和关怀，以及孔门弟子对孔子的敬仰等方面，来解读这份其乐融融的师徒情谊。

（一）孔子对弟子了如指掌

孔子因材施教的教育理论和实践，本身就表明他对弟子们具体情况的准确把握和深入了解。实际上，孔子对弟子们的了解，绝不是局限于学习，而是体现在方方面面。弟子们的性格、能力、不足、适合的职业以及可能出现的人生结局，他都能准确预知，料事如神。他无疑是个洞察世事和人心的高人。《论语》中记录了孔子对众弟子的评价，例如：

他觉得冉雍比较有能力，就直说："雍也，可使南面。"（《论语·雍也》）孔子说："冉雍这个人，适合做官。""或曰：'雍也，仁而不佞。'子曰：'焉用佞？御人以口给，屡憎于人。不知其仁，焉用佞？'"（《论语·公冶长》）有人说冉雍有仁德但不善辩，孔子说："为什么要善辩？能言善辩到处逞口舌之利的人，每每遭人憎恨。我不知道冉雍是否有仁德；但为什么要看重能言善辩呢？"

他评价闵子骞："孝哉闵子骞！人不间于其父母昆弟之言。"（《论语·先进》）儒家向来主张百善孝为先，闵子骞的孝行感天动地，孔子对他十分赏识。

"子曰：'吾未见刚者。'或对曰：'申枨。'子曰：'枨也欲，焉得刚？'"（《论语·公冶长》）在孔子看来，申枨也是个有欲望的人，所以做不到无欲则刚。

《论语》中还记载了两则关于孔子跟人讨论弟子们情况的小故事：

一个是《论语·公冶长》中记载了孟武伯向孔子打听几个大弟子的情况的故事：

孟武伯问："子路仁乎？"子曰："不知也。"
又问。子曰："由也，千乘之国，可使治其赋也，不
知其仁也。""求也何如？"子曰："求也，千室之
邑，百乘之家，可使为之宰也，不知其仁也。""赤
也何如？"子曰："赤也，束带立于朝，可使与宾客
言也，不知其仁也。"

孟武伯问孔子："子路有仁德吗？"孔子说："不知
道。"孟武伯继续穷追不舍地问，孔子就说："仲由嘛，
可以让他管理一个千乘之国的军事，但我不知道他是不是
仁。"孟武伯又问："冉求这人怎样？"孔子说："冉求
可以掌管一个千户人家的公邑或者一百辆兵车的采邑，但
我不知道他是不是仁。"孟武伯又问："公西赤怎样？"
孔子说："公西赤嘛，可以让他穿着礼服站在朝廷上接待
贵宾，但我不知道他是不是仁。"可见，孔子对子路、冉
有、公西赤各自的才干十分清楚，但是并不认为他们三人
能做到仁。

另一个是《论语·雍也》中记载季康子跟孔子讨论弟
子们是否适合从政的问题：

季康子问："仲由可使从政也与？"子曰：

"由也果，于从政乎何有？"曰："赐也可使从政也
与？"曰："赐也达，于从政乎何有？"曰："求也
可使从政也与？"曰："求也艺，于从政乎何有？"

季康子问孔子："仲由这个人，可以让他管理国家政
事吗？"孔子说："仲由做事果断，管理国家政事有什么
难的呢？"季康子又问："端木赐这个人，可以让他管理
国家政事吗？"孔子说："端木赐通达事理，管理国家政
事有什么难的呢？"季康子接着问："冉求这个人，可以
让他管理国家政事吗？"孔子说："冉求富有才干，管理
国家政事有什么难的呢？"孔子认为子路、子贡、冉有性
格特长各不相同，但都具备从政治国的才干。

孔门弟子中，有三个最有代表性的人物，分别是颜
回、子贡和子路。我们在这里重点阐述一下孔子跟颜回、
子路之间的关系，子贡也是深受孔子青睐的弟子，在此
对孔子与子贡的关系则不予展开，因为下文对子贡多有
涉及。

颜回是最受孔子喜爱的弟子。孔子为什么那么喜欢颜
回呢？原因有如下几点：

第一，颜回尊敬师长。

孔子说："回也非助我者也，于吾言无所不说。"

（《论语·先进》）"吾与回言终日，不违，如愚。退而省其私，亦足以发，回也不愚。"（《论语·为政》）意思是说，颜回对自己向来言听计从，孔子教育训导他一整天，他也从来不曾反驳一句话、一个字。哪个老师不喜欢这么懂事的学生呢？

第二，颜回好学上进。

鲁国权臣季康子问孔子："弟子中谁最好学？"孔子是这样说的："有颜回者好学，不幸短命死矣，今也则亡。"（《论语·先进》）当鲁哀公问同样问题的时候，孔子对颜回品性的总结比较圆满，可谓言简意赅，他是这样说的："有颜回者好学，不迁怒，不贰过，不幸短命死矣。今也则亡，未闻好学者也。"（《论语·雍也》）颜回品行特别好，不对人发怒，不重复犯错，而且特别好学上进，可惜，他短命死了。颜回死后，弟子中再也找不出努力学习的人了。

孔子是个严师，在他嘴里对于弟子们的批评远远多于表扬。孔子真正表扬过的人，我们现在能看到的，恐怕也就是颜回和闵子骞了。孔子说："语之而不惰者，其回也与。"（《论语·子罕》）他还说："惜乎！吾见其进也，未见其止也。"（《论语·子罕》）颜回在学习的路上，从来没有停止过前进，每天都有进步，真是难能可贵。

第三，颜回安贫乐道。

孔子说过，"贫而无怨难"（《论语·宪问》），甘于过清贫的生活，而且不抱怨、不堕落，很难。清贫而快乐着，这就是颜回。这更是常人莫及的品质。

第四，颜回一心向仁。

孔子这样描述颜回："回也，其心三月不违仁，其余则日月至焉而已矣。"（《论语·雍也》）仁，在孔子心中，是最高形式的道德。但是，真正做到仁并不容易。就连颜回这样品行卓越的人，也只能做到"三月不违仁"。但相较于其他只能一日或者一月不违背仁的弟子，颜回也实属难得了。

第五，颜回做人有原则。

孔子这样评价颜回："用之则行，舍之则藏，惟我与尔有是夫！"（《论语·述而》）被委以重任就努力做好职事，不被委以重任就躲得远远的。孔子认为，这样的做人做事原则，也只有自己和颜回能做到。可见，孔子将颜回引为同调。

相对于颜回，孔子对子路的批评却很多。

孔子说："片言可以折狱者，其由也与？子路无宿诺。"（《论语·颜渊》）仅凭一方的陈述抗辩就能断案的，大概就是子路吧？子路的特点是说到做到，从来没有食言的时候。有一次子路在孔子那里弹瑟，孔子说："由之瑟，奚为于丘之门？"（《论语·先进》）孔子说："子路怎么在我这里弹瑟呢？"孔子的言外之意是不满子路的做法，子路弹奏乐器打搅了孔子的清净，自然是有点不懂事。孔子的话是很有号召力的，结果门人也因此不尊重子路。为了消除影响，孔子就评价子路的学问，说："由也升堂矣，未入于室也。"（《论语·先进》）升堂，但未入室，意思是已经入门了，但是不够精进。孔子评价子路的性格，说："衣敝缊袍，与衣狐貉者立，而不耻者，其由也与？"（《论语·子罕》）即便自己穿着破衣烂衫，跟穿高档裘皮大衣的人站在一起，子路也不会觉得自己寒碜。可见，子路没有虚荣心，是个心态极好的人。"子曰：'道不行，乘桴浮于海。从我者，其由与？'子路闻之喜。子曰：'由也好勇过我，无所取材。'"（《论语·公冶长》）有一次，孔子无意地说了一句话："如果没有机会实现理想，我就乘一叶扁舟到海上漂流，子路大概会跟随着我吧。"子路闻听此言，面露喜色，孔子马上改变了语气，说："子路就是比我勇敢点，此外别无长处。"孔子还说："若由也，不得其死然。"（《论语·先进》）孔子预言子路不得好死，后来也果然应验，可见他对每个弟子的准确把握与深入了解。

（二）孔子对弟子的关怀

孔子对弟子的关心和关怀，一方面表现在对不争气的违规弟子的强烈指责：宰予是个巧舌如簧、能说会道的人，连孔子开始都被他的花言巧语迷惑了，但是他白天居然睡觉，因此遭到孔子的强烈谴责——"朽木不可雕也，粪土之墙不可圬也"；另一方面表现在对遭遇不幸的弟子的关爱和同情：冉伯牛得了重病，孔子亲自前去探望，孔子走进冉伯牛家，来不及进屋，就从窗户伸进手去抓住了冉伯牛的手，痛心疾首地抱怨上天为什么要让他得这种病！

还有一个感人至深的场面，就是颜回之死。孔子忍不住放声痛哭，一边痛哭一边大声倾诉："天丧予！天丧予！"老天啊，你为什么要剥夺我爱徒的生命？孔子十分悲恸，旁边的人都忍不住说："先生您太悲恸了啊！"孔子说："有恸乎？非夫人之为恸而谁为？"（《论语·先进》）是吗？我悲恸吗？如果这个人的死都不能让我悲恸的话，我还会为谁而悲恸呢？

（三）高山仰止，景行行止

孔门弟子都非常敬仰孔子。

　　子贡曰："夫子之文章，可得而闻也；夫子之言性与天道，不可得而闻也。"（《论语·公冶长》）

　　叔孙武叔语大夫于朝曰："子贡贤于仲尼。"子服景伯以告子贡。子贡曰："譬之宫墙，赐之墙也及肩，窥见室家之好。夫子之墙数仞，不得其门而入，不见宗庙之美，百官之富。得其门者或寡矣。夫子之云，不亦宜乎！"（《论语·子张》）

　　叔孙武叔毁仲尼。子贡曰："无以为也！仲尼不可毁也。他人之贤者，丘陵也，犹可逾也；仲尼，日月也，无得而逾焉。人虽欲自绝，其何伤于日月乎？多见其不知量也。"（《论语·子张》）

　　子贡处处维护师尊。叔孙武叔在宫廷里当着其他官员的面公然说"子贡的能力超过仲尼"，子服景伯把这话告诉了子贡。子贡说："我打个比方，就好像一座围着墙的房子，我的围墙高度刚好及肩，外人很容易从墙上面往里窥视，发现家饰陈设的美好。先生的墙高几仞，不从大门进入，就不能领略内部宗庙的华美，房屋的繁富。然而能够登门入室的人少之又少。难怪别人会说这样的话呢！"子贡这段话中所谓的"宗庙之美，百官之富"，都是比喻孔子的品德、学问与才干的高超与卓越。

还有一次，叔孙武叔当着子贡的面诋毁孔子。子贡说："别这样！不能诋毁先生。他人的贤能如同丘陵，还可以逾越；先生如同日月，不可能逾越。即便有人试图超越日月并因此丧失了生命，这对日月又能有什么影响呢？顶多显示出那人的不自量力罢了。"

《论语·子张》中也有一段陈子禽和子贡的对话：

> 陈子禽谓子贡曰："子为恭也，仲尼岂贤于子乎？"子贡曰："君子一言以为知，一言以为不知，言不可不慎也。夫子之不可及也，犹天之不可阶而升也。"

陈子禽对子贡说："你不过是太谦恭了，仲尼怎么能比你更贤良呢？"子贡闻听此言，不仅没有因为别人屡屡评价自己超过老师孔子而沾沾自喜，反而反驳道："君子的一句话就能表现他的智与不智，所以说话不能不慎重。先生高不可及，正如天不能够顺着梯子爬上去一样。"

　　子贡时时处处捍卫着自己的老师。据载，齐景公问子贡："你的老师是谁？"子贡说："鲁国的孔仲尼。"齐景公又问："仲尼是贤人吗？"子贡回答说："他是圣人！岂止是贤人啊！"齐景公哈哈大笑说："既然他是个圣人，那他究竟多有学问呢？"子贡说："这个我可不知道。"齐景公很不高兴，变了脸说："你刚刚说他是圣人，现在又说不出他的学问有多大，这是什么意思？"子贡说："我们一辈子都头顶苍天，却不知道天究竟有多高；我们一辈子都脚踩大地，却不知大地究竟有多厚。我向孔子学习，就像渴了拿个小瓢从江海中舀一点儿水喝，哪里会知道江海究竟有多深呢？"齐景公笑了笑说："你对老师的描述也太夸张了吧？"子贡说："我怎敢过分夸他，反倒是考虑这样讲是否到位呢！我赞扬他，就好比用双手捧了一抔土放到泰山上，这能增加泰山的高度吗？显然不能。即便我不赞扬而是反过来贬低他，也不过像用双手从泰山上扒下两把土，这能降低泰山的高度吗？显然也是不能的。"

　　颜回这样赞美孔子："仰之弥高，钻之弥坚。瞻之在前，忽焉在后。夫子循循然善诱人，博我以文，约我以礼，欲罢不能。既竭吾才，如有所立卓尔，虽欲从之，末由也已。"（《论语·子罕》）颜回感叹地说："我抬头仰望，却越仰望越发高远；我努力钻研，却越钻研越发深刻。看着好像在前面，忽然又像在后面。先生循循善诱，用各种典籍来丰富我的知识，用各种礼节来约束我的言行，使我想停止学习都不可能。我必须竭尽全力。似乎有个十分高大的东西矗立在我前面，我想要追上去，却没有前进的路。"颜回极力推崇自己的老师，把孔子的学问与道德视为高不可攀。

（四）其乐融融的师徒情谊

孔子跟弟子们之间的关系十分融洽。在很多场合，师徒之间均畅所欲言，孔子也偶尔开个玩笑，风趣幽默，其乐融融。

"子使漆雕开仕。对曰：'吾斯之未能信。'子说。"（《论语·公冶长》）孔子打算让漆雕开去做官，漆雕开回答说："我觉得自己的水平和能力不能胜任。"孔子听到他这么谦虚，十分满意，脸上竟然展露出高兴的神色。

一次子贡问孔子："先生您觉得我怎么样？"孔子说："你，是块料。"子贡接着问："什么料？"孔子说他是"瑚琏"（《论语·公冶长》）。瑚、琏皆为宗庙礼器，用以比喻治国安邦之才。孔子显然觉得子贡可以担当重任。还有一次，子贡说："我不希望别人强加给我的事情，我也不会强加给别人。"子贡的意思，就是自己做到了孔子所提倡的"己所不欲，勿施于人"。孔子听了，直截了当地说："赐啊，你做不到的。"

《论语·先进》中记载子贡和孔子之间的一段有趣的对话：

> 子贡问："师与商也孰贤？"子曰："师也过，商也不及。"曰："然则师愈与？"子曰："过犹不及。"

子贡问孔子："颛孙师（子张）和卜商（子夏），谁更好一些？"孔子说："子张太过，子夏不足。"子贡觉得不太理解，以为"过"似乎比"不足"要好些，孔子说"过犹不及"。这就是"过犹不及"这个成语的来历。

孔子有一次跟子贡闲谈，问道："你觉得你跟颜回二人谁更优秀？"子贡说："赐也何敢望回？回也闻一以知十，赐也闻一以知二。"（《论语·公冶长》）子贡听到这个问题，反应也很快："我怎么能跟颜回比呢？颜回闻一知十，我不过闻一知二罢了。"从子贡的话，我们可以推测出，子贡也是绝顶聪明的人，闻一知一已属不易，何况闻一知二。子贡自称闻一知二，事实上就是达到了孔子所谓的"举一隅能以三隅返"。子贡的聪明还表现在他做人很有分寸，既有自信，又不骄傲，还能充分看到别人的优点。孔子听了子贡的话，接着说："嗯，你是不如颜回。"还加上一句："我和你，都不如他。"孔子的自谦，更是对颜回的高度肯定。

一天，孔子对子贡说："予欲无言。"即我今天不想说话了。子贡说："您如果不开口，那我们学什么呀？"孔子说："天何言哉？四时行焉，百物生焉，天何言哉？"（《论语·阳货》）意思是："天何尝说话呢？四季运行，百物生长。天说什么了呢？"

《论语》中多次记录了子贡和孔子的对话。子贡和孔子之间，是师生，更像无话不谈的好朋友。作为老师，能有这样可以交心的学生；作为学生，能遇到这样一位让自己畅所欲言的老师，真是难能可贵，令人心生羡慕。

《论语》中还记载了几处孔子和众弟子们在一起休闲惬意地交谈，我们列举其一：

　　　颜渊、季路侍。子曰："盍各言尔志？"子路曰："愿车马、衣轻裘，与朋友共，敝之而无憾。"颜渊曰："愿无伐善，无施劳。"子路曰："愿闻

子之志。"子曰："老者安之，朋友信之，少者怀
之。"（《论语·公冶长》）

颜回、子路在孔子身旁侍坐——就是孔子坐着，颜
回、子路两人站在孔子身边侍奉。孔子说："你们为什么
不谈谈各自的志向呢？"子路说："愿意把我的车马、衣
服和朋友们一起分享，用坏了也没有什么可惜的。"颜回
说："我希望自己能做到不夸耀自己的好处，不表白自己
的功劳。"子路对孔子说："希望听听老师您的志向。"
孔子说："让年老的人得到安逸，让朋友信任我，让年轻
人感念我。"

第三章 孔子的道德哲学

第一节　以仁为本

孔子说："当仁，不让于师。"（《论语·卫灵公》）仁，是儒家最重要的规范。孔子就是一个博爱仁慈的人。他"钓而不纲，弋不射宿"（《论语·述而》）。孔子钓鱼，而从不用大网捕鱼；射飞鸟，而不射归巢的鸟。

以仁为本，也是以人为本。孔子家的马厩失火了。孔子退朝后回到家，听说了这次事故，第一句话就问："伤人乎？"（《论语·乡党》）而不问马匹有没有伤亡。这个故事体现了孔子的人文情怀，两千多年来一直被传为美谈。

（一）我欲仁，仁斯至矣

《论语》中多次提到"仁"。孔子说："殷有三仁焉。"（《论语·微子》）商朝有三个仁人，即微子、箕子和比干。什么样的人在孔子眼里算是仁人？换句话说，仁人都具备什么品质？孔子说过以下的话：

仁者必有勇，勇者不必有仁。（《论语·宪问》）

知者乐水，仁者乐山。知者动，仁者静。知者乐，仁者寿。（《论语·雍也》）

知者不惑，仁者不忧，勇者不惧。（《论语·子罕》）

志士仁人，无求生以害仁，有杀身以成仁。（《论语·卫灵公》）

唯仁者能好人，能恶人。（《论语·里仁》）

苟志于仁矣，无恶也。（《论语·里仁》）

孔子还说"不仁者不可以久处约，不可以长处乐。仁者安仁，知者利仁"（《论语·里仁》）。孔子认为，不仁之人不能长久地处于贫困或安乐中。长期陷入贫困他们就会为非作歹，长期处于安乐他们就会骄奢淫逸。

仁，是君子精神和心灵上的依托，孔子认为，理想的人生状态应该是"志于道，据于德，依于仁，游于艺"（《论语·述而》）。但是社会上还是不乏不仁之人。所以面对令人失望的社会现实，孔子不由得感慨道："人而不仁，如礼何？人而不仁，如乐何？"（《论语·八佾》）不仁之人，即便学了礼、学了乐，又有什么用？又

能对社会有什么裨益呢？"子曰："我未见好仁者，恶不仁者。好仁者，无以尚之；恶不仁者，其为仁矣，不使不仁者加乎其身。有能一日用其力于仁矣乎？我未见力不足者。盖有之矣，我未之见也。'"（《论语·里仁》）孔子说："我没有见过爱好仁德的人，也没有见过厌恶不仁的人。爱好仁德的人，是再好不过的了；厌恶不仁的人，在实行仁的时候，避免不仁之人影响自己。能抽出一天的时间把自己的力量全部用在实行仁上吗？我还没见过客观力量不够的，都是主观不够努力。或许存在客观力量不够的人，但我没遇见过。"孔子之所以这么说，是因为他主张要靠个人的自觉努力达到仁的境界，只要努力，仁是完全能够做到的。

因此，仁，就在于一念之间。孔子说："仁远乎哉？我欲仁，斯仁至矣。"（《论语·述而》）你想做到，就一定能做到。如果你没有做到，理由只有一个——你主观不够努力，不需要找客观原因。

（二）什么是仁？

孔子没有给仁下一个确切的定义。在不同的场合、面对不同的对象，孔子对仁的界定各不相同。

第一，"忠恕"。

　　子曰："参乎！吾道一以贯之。"曾子曰：
"唯。"子出，门人问曰："何谓也？"曾子曰：
"夫子之道，忠恕而已矣。"（《论语·里仁》）

　　孔子说："参，我的观点和学说是由一个基本思想贯彻始终的。"曾子说："是的。"等孔子出去后，其他同学便好奇地问曾子："先生指的贯彻始终的基本思想是什么？"曾子说："先生指的就是忠恕而已。"忠是忠实，恕是宽容、宽恕。孔子强调做人要忠实，还要宽容。

　　第二，"先难而后获"。

　　有人向孔子请教什么是仁。孔子说："仁者先难而后获，可谓仁矣。"（《论语·雍也》）通俗地讲，就是先把事情做好了，然后再谈报酬和利益。不能事情还没开始做，就先把全部好处捞到手。先做事，后获利，这就是仁。但是，孔子并不排斥应得的收获和报酬，这一点是我们应该注意的。

　　第三，"己欲立而立人，己欲达而达人"。

　　子贡曰："如有博施于民而能济众，何如？可谓仁乎？"子曰："何事于仁？必也圣乎！尧、舜其犹

病诸。夫仁者，己欲立而立人，己欲达而达人。能近取譬，可谓仁之方也已。"（《论语·雍也》）

子贡向孔子请教："假若有一个人，带给老百姓很多好处又能周济大众，怎么样？能称得上仁吗？"孔子说："岂止是仁，简直是圣了！这恐怕就连尧、舜都难以做到吧？能做到'己欲立而立人，己欲达而达人'，就是仁了。'能近取譬'，就是达到仁的方法和途径。"那么，什么是"能近取譬"？其实，这句话的意思就是推己及人、换位思考。换位思考，是一个很重要的标准。作为一个仁人，就要把自己放在别人的位置上，替别人想一想。反之，就是要把别人放到自己的位置上，想想这事发生在我身上的话，该怎么办？不要对自己一套标准，对别人另一套标准。能做到这一点，就是仁。

第四，"克己复礼，天下归仁"。

颜渊问仁。子曰："克己复礼为仁。一日克己复礼，天下归仁焉。为仁由己，而由人乎哉？"颜渊曰："请问其目。"子曰："非礼勿视，非礼勿听，非礼勿言，非礼勿动。"颜渊曰："回虽不敏，请事斯语矣。"（《论语·颜渊》）

颜回请教什么是仁？孔子说"克己复礼"，就是仁。克己复礼，就是一切严格按照礼的规定来要求自己，一言一行、时时处处，都不能违背礼。具体说来，就是"非礼勿视""非礼勿听""非礼勿言""非礼勿动"四个标准：不符合礼的不看，不符合礼的不听，不符合礼的不说，不符合礼的不做。

第五，"己所不欲 勿施于人"。

> 仲弓问仁。子曰："出门如见大宾，使民如承大祭。己所不欲，勿施于人。在邦无怨，在家无怨。"仲弓曰："雍虽不敏，请事斯语矣。"（《论语·颜渊》）

仲弓向孔子请教什么是仁？孔子说："出门办事如同接待贵宾，使唤百姓如同承办重大祭祀，态度一定要严肃恭敬。自己不想要的，不要强加于人。不要让自己招致任何不满和怨恨。"后世往往单独摘取"己所不欲，勿施于人"作为仁的标准。其实前面所说的恭敬严肃和后面所说的免招怨恨，跟"己所不欲，勿施于人"是一脉相承的，不要断章取义。严肃恭敬的态度，是十分重要而且非常必要的。"出门如见大宾，使民如承大祭"，就是待人接物最庄重的态度。只有庄重严肃，才不会招致怨恨。

"子贡问曰：'有一言而可以终身行之者乎？'子曰：'其恕乎！己所不欲，勿施于人。'"（《论语·卫灵公》）子贡请教孔子，有没有一句能让人受用终生的话？孔子告诉他——"己所不欲，勿施于人"。说白了，还是换位思考。"己所不欲，勿施于人"，也是非常通行的关于"仁"的解读。

第六，言语谨慎。

司马牛问仁。子曰："仁者，其言也讱。"曰："其言也讱，斯谓之仁已乎？"子曰："为之难，言之得无讱乎？"（《论语·颜渊》）

司马牛向孔子请教什么是仁？孔子说："仁，就是说话慎重。"世间事，大都说起来容易，做起来难。既然做起来很难，说的时候能不慎重吗？君子不能夸夸其谈，不能说大话，不能轻易许诺，就是为了避免做不到时，不仅面子上难堪，而且会失去信用。所以，话说出口时，一定要思考再三，慎之又慎。

第七，"爱人"。

"樊迟问仁。子曰：'爱人。'"（《论语·颜渊》）这一条，就很简单了，也是广为传颂的。仁，就是爱人。一个富有爱心的人，就是仁人。

第八，"居处恭，执事敬，与人忠"。

"樊迟问仁。子曰：'居处恭，执事敬，与人忠。虽之夷狄，不可弃也。'"（《论语·子路》）这一次，孔子给樊迟的关于仁的解释，跟上一次又有明显不同。仁，是"爱人"，我们容易理解；仁，是"居处恭，执事敬，与人忠"，是不是有些费解呢？在这里，孔子又把"仁"和"恭"、"敬"和"忠"联系在一起了。关于"忠"，已见上文"忠恕"。关于"恭"和"敬"，就是上文的"出门如见大宾，使民如承大祭"中所强调的恭敬。

第九，"刚毅木讷"。

孔子说："刚毅木讷近仁。"（《论语·子路》）"刚毅"，意思跟现代汉语的"刚毅"基本一致，"刚"就是"无欲则刚"，"毅"就是坚毅。木讷，就是口拙，不善言辞。"刚毅木讷"，是巧言令色的反面。孔子是十分讨厌能说会道之人的，他反复说"巧言令色鲜矣仁"，还说"巧言乱德"，又说"利口覆邦家"，孔子把这种人称作"佞人"。

第十，"恭宽信敏惠"。

　　"子张问仁于孔子。孔子曰：'能行五者于天下为仁矣。'请问之。曰：'恭、宽、信、敏、惠。恭则不侮，宽则得众，信则人任焉，敏则有功，惠则足以使人。'"（《论语·阳货》）子张向孔子请教一个人该怎样培养仁德？孔子说："能在天下实行五种德行，这便是仁。"子张接着问是哪五种德行。孔子说："恭敬、宽厚、信实、勤敏、慈惠。对人恭敬，就不会遭受侮辱；待人宽厚，就能获得众人拥戴；待人诚实，就可以取得信任；做事勤敏，就会功劳显著；待人慈惠，就足以役使人民。"

　　第十一，"事大夫之贤者，友士之仁者"。

　　"子贡问为仁。子曰：'工欲善其事，必先利其器。居是邦也，事其大夫之贤者，友其士之仁者。'"（《论语·卫灵公》）子贡向孔子请教什么是仁。孔子说："工欲善其事，必先利其器。"这句话已经是家喻户晓的名言了，它的出处，则是孔子对仁的解释。孔子告诫子贡，到一个国家任事，就要侍奉贤能的大夫，结交有仁德的士人。所谓"近朱者赤，近墨者黑"，就是这个道理。跟仁人在一起，耳濡目染，自己也会成为仁人。

　　以上种种表明，孔子在不同的时间、针对不同的对象，对仁的解释，各不相同。即便对同一个弟子在不同时间回答也不尽相同。

这里，我们还要注意一个问题，那就是"管仲之仁"，《论语·宪问》中有这样一段记载：

> 子路曰："桓公杀公子纠，召忽死之，管仲不死。"曰："未仁乎？"子曰："桓公九合诸侯，不以兵车，管仲之力也。如其仁！如其仁！"

> 子贡曰："管仲非仁者与？桓公杀公子纠，不能死，又相之。"子曰："管仲相桓公，霸诸侯，一匡天下，民到于今受其赐。微管仲，吾其披发左衽矣。岂若匹夫匹妇之为谅也，自经于沟渎而莫之知也。"

子路和子贡都纠结于如何定位管仲这样的人。管仲本来辅佐公子纠，但是没有为公子纠效死。他们两人应该是在怀疑管仲的"忠"。但是，孔子的标准再次改变了，这一次，他抛开了"忠"，而是从管仲辅佐齐桓公"九合诸侯""不以兵车"的历史贡献出发，肯定管仲之仁。不动武就解决了和平问题，没有流血和杀伤，也没有战争带来的巨大破坏，管仲功不可没，这当然就是仁。这里，孔子又把仁跟个人的社会贡献联系起来了。

第二节　君子之道

（一）为什么要倡导君子之道？

孔子的知人原则主要有：

第一，"视其所以，观其所由，察其所安。人焉廋哉？人焉廋哉？"（《论语·为政》）孔子说："了解一个人，就要观察他言行的动机，研究他所走的道路，考察他做事时的心情。这样一来，他怎能隐藏得了呢？怎能隐藏得了呢？"

第二，"不逆诈，不亿不信"（《论语·宪问》）是孔子观察衡量人的原则。他不预先怀疑别人欺诈，也不猜测别人不诚实，他还说能事先觉察别人的欺诈和虚伪的，就是贤人。孔子本人就是这样的贤人，世间万态，他都尽收眼底。

第三，敏锐区分好人和坏人。"子贡问曰：'乡人皆好之，何如？'子曰：'未可也。''乡人皆恶之，何如？'子曰：'未可也。不如乡人之善者好之，其不善者恶之。'"（《论语·子路》）子贡问："如果一个人，大家都说他好，他是个好人吗？"孔子说："那未必。""如果一个人，大家都说他坏，他是个坏人吗？"
孔子说："那未必。"那怎样才算是个真正的好人？标准
其实也很简单，如果好人都喜欢他、坏人都讨厌他，他就
是个好人。孔子主张深度观察，即"众恶之，必察焉；众
好之，必察焉"（《论语·卫灵公》）。如果大家都讨厌
一个人，一定要明察，看他是不是真的坏；如果大家都喜
欢一个人，一定要明察，看他是不是真的好，不能被舆论
导向所蒙蔽。

　　孔子这样评价当时的社会："狂而不直，侗而不愿，
悾悾而不信，吾不知之矣。"（《论语·泰伯》）人们狂
妄而不正直，无知而不谨慎，表面装作诚恳而实则不守信
用，我真不知道有些人为什么会是这个样子！他还说：
"不有祝鲍之佞，而有宋朝之美，难乎免于今之世矣。"
（《论语·雍也》）祝鲍，字子鱼，是卫国大夫，很有口
才，以能言善辩受到卫灵公重用。宋朝，即宋国的公子
朝，以美貌闻名。孔子的意思是：如果没有祝鲍那样的口
才，也没有宋朝的美貌，在今天的社会上就比较难立足
了。可见，在孔子的时代，颜值和口才就已经很重要。而
最让孔子深恶痛绝的，正是巧言令色、利口颠覆邦家。

　　除了巧言令色，孔子对社会的不满，对人群的失望，
还表现在绝大多数人的不上进。他们"饱食终日，无所用

心"，孔子痛心疾首地说："不是有博弈之类的游戏吗？下盘棋打发时光，还可以活动一下大脑呢，也胜过这样一天到晚无所事事啊。"他忧虑地说："德之不修，学之不讲，闻义不能徙，不善不能改，是吾忧也。"（《论语·述而》）社会上还有很多人"群居终日，言不及义，好行小慧"（《论语·卫灵公》），他们聚在一起，七嘴八舌，言不及义，还喜欢卖弄小聪明，这些都是让孔子特别看不惯的。逝者如斯，不舍昼夜，时光如此宝贵，生命实在经不起这样浪费。

所以，他慨叹："苗而不秀者有矣夫！秀而不实者有矣夫！"（《论语·子罕》）禾苗长大了也有不开花的，开了花也有不结果实的。言外之意是，很多人是一辈子碌碌无为、一事无成的，这违背了孔子毕生追求生命的价值和意义的人生观。

孔子还看不惯一些人的虚荣，他说："古之学者为己，今之学者为人。"（《论语·宪问》）古代的人学习是为了提升自己，而现在的人学习是为了装样子，做给别人看。他还讨厌一些自私自利、目光短浅之人的患得患失，他说："鄙夫可与事君也与哉？其未得之也，患得之。既得之，患失之。苟患失之，无所不至矣。"（《论语·阳货》）这样的人，未取得权位之前，总是一心觊觎

权位；取得权位之后，总是担心有朝一日再失去。为了保住权位，就会无所不用其极。

（二）君子之道

在孔子时代，君子有两个含义：一是指品行高尚的人，这个意义类似现代所谓的"君子"；二是指有社会地位的人，跟它相对的一个词语是"小人"，指社会地位低下的人。但是，孔子也强调社会地位高的君子要具备正人君子的品质。在孔子看来，君子和小人的区别主要如下：

第一，"君子周而不比，小人比而不周。"（《论语·为政》）君子与人相处和谐融洽而不结党营私，小人结党营私却不能跟人和谐相处。

第二，"君子怀德，小人怀土；君子怀刑，小人怀惠。"（《论语·里仁》）孔子认为君子心系道德，小人心系乡土；君子存心于刑律，小人存心于恩惠。君子具备高尚的道德情操，宽广的胸怀，开阔的视野，心怀国家和社会，而小人只知道思恋乡土、看重小恩小惠，只考虑个人利益。

第三，"君子喻于义，小人喻于利。"（《论语·里仁》）君子深明道义，小人只关心利益。

第四，"君子成人之美，不成人之恶。小人反是。"

（《论语·颜渊》）君子成人之美；小人却落井下石，幸灾乐祸。

第五，"君子和而不同，小人同而不和。"（《论语·子路》）君子和合但不强求一致，小人强求一致但不和合。

第六，"君子易事而难说也。说之不以道，不说也；及其使人也，器之。小人难事而易说也。说之虽不以道，说也；及其使人也，求备焉。"（《论语·子路》）为君子办事很容易，但讨君子欢喜很难。不按正道讨他喜欢，他不会喜欢，君子用人，总是量才而用。为小人办事很难，但要博得他的欢喜却很容易。不按正道讨他喜欢，也会得到他的喜欢；小人用人，总是求全责备。

第七，"君子泰而不骄，小人骄而不泰。"（《论语·子路》）君子沉静坦然而不傲慢无礼，小人傲慢无礼而不沉静坦然。

第八，"君子而不仁者有矣夫，未有小人而仁者也。"（《论语·宪问》）君子也有不具备仁德的，但是没有具备仁德的小人。

第九，"君子求诸己，小人求诸人。"（《论语·卫灵公》）君子严以律己，勇于担当；小人求全责备，推脱责任。

第十，"君子不可小知而可大受也，小人不可大受而可小知也。"（《论语·卫灵公》不能让君子做琐碎的小事，但可以让他们承担重大使命；不能让小人承担重大的使命，但可以让他们做琐碎的小事。

那么，君子应该具备什么样的品质？

《论语·宪问》中记载这样一段对话：

> 子路问君子。子曰："修己以敬。"曰："如斯而已乎？"曰："修己以安人。"曰："如斯而已乎？"曰："修己以安百姓。修己以安百姓，尧舜其犹病诸？"

子路向孔子请教怎样做才算君子？孔子说："最基本的是注重自身修养，时刻保持严肃恭敬的态度。但是这样还不够，更好的做法是提高自身修养，使周围的人感到安乐。不过，这样也还不够，最好的做法是加强自身修养，使所有百姓都能享受安乐。而最后这一点，恐怕就连尧舜也难于做到吧。"可见，君子的修身之路没有尽头。在这条路上没有最好，只有更好。其实，孔子和子路的这段对话，正体现了儒家崇尚的修身、齐家、治国、平天下的价值观和人生理念。

　　"司马牛问君子。子曰：'君子不忧不惧。'曰：'不忧不惧，斯谓之君子已乎？'子曰：'内省不疚，夫何忧何惧？'"（《论语·颜渊》）这里，孔子提出君子的标准是"不忧不惧"，而"不忧不惧"的前提，则是"内省不疚"。"内省不疚"，就是没做亏心事。一个人只有符合道义行事，才能没有亏心事。其实，这个标准还是很高的。孔子说："君子道者三，我无能焉：仁者不忧，知者不惑，勇者不惧。"（《论语·宪问》）这三条标准，孔子自认为一条也没做到，可见，孔子还是很谦虚的。

　　君子"博学于文，约之以礼"（《论语·雍也》），"以文会友，以友辅仁"（《论语·颜渊》），不追求个人生活享受，"谋道不谋食"，"忧道不忧贫"（《论语·卫灵公》），"君子食无求饱，居无求安，敏于事而慎于言，就有道而正焉"（《论语·学而》）。

　　君子注重自身的形象，外表要文质彬彬。孔子说："质胜文则野，文胜质则史。文质彬彬，然后君子。"（《论语·雍也》）君子的修养是从内到外的，即从内心延伸到外表的形象气质。"文犹质也，质犹文也"（《论语·颜渊》），君子是有气质、有修养、有气场的，既不过分质朴，也不过分文饰雕琢，看上去温文尔雅，大方得体。

孔子说"君子不器"(《论语·为政》)。君子是具有理想人格的人,应该担负起治国安邦的重任,对内能够妥善处理各种政务,对外能够应对四方国家不辱君命。所以君子应当博学多识,具备多方面才干,不能只局限于某一特定方面。

君子不屑与人争。孔子说"君子矜而不争,群而不党"(《论语·卫灵公》)。君子与人相处和谐礼让,不结党营私,更不争名夺利。他还说:"君子无所争。必也射乎!揖让而升,下而饮。其争也君子。"(《论语·八佾》)君子唯一与人相争的场合,就是射箭了。因为射箭是排名比赛,不得不争。

"君子义以为质,礼以行之,孙以出之,信以成之。君子哉!"(《论语·卫灵公》)内心固守道义,举止谦逊有礼,做事讲究诚信,能做到这些,就是君子!信,是衡量君子的一条重要标准。一方面,君子本身要诚信,这是内部条件;另一方面,君子要通过自己的诚信而取信于君、取信于民,这是外部条件。内外相辅相成,相得益彰,君子就可以治理百姓,有所作为。

孔子还说"君子贞而不谅"(《论语·卫灵公》)。君子要固守正道,但不拘泥于小信。什么是小信?中国古代有个叫尾生高的人，跟恋人约好在大桥下见面，结果发大水了，他硬是抱着一根桥柱淹死了，宁死也不爽约，就是小信。

君子"不以言举人，不以人废言"（《论语·卫灵公》）。君子诚信客观并恪守道义，因而也是值得托付和信任的。这就是曾子所谓的"可以托六尺之孤，可以寄百里之命，临大节而不可夺"（《论语·泰伯》）。

（三）君子的规范

第一，"君子三变"。

子夏说："君子有三变：望之俨然，即之也温，听其言也厉。"（《论语·子张》）君子的三种变化是：远看他感觉相貌庄严；接近他感觉温和可亲；听他说话感觉严肃不苟。

第二，"君子三愆"。

孔子说："侍于君子有三愆：言未及之而言谓之躁，言及之而不言谓之隐，未见颜色而言谓之瞽。"（《论语·季氏》）这句话中，孔子虽然强调的是侍奉君子时要避免犯的三种错误，其实这里所谓的"君子"应该是指国君。那么，侍奉国君的人，则是具有社会地位的君子。所以这三条规范实则还是对君子的要求：还没问到你的时候就说话，这是急躁；已经问到你的时候你却不说，这是隐瞒；不看君主的脸色而贸然说话，这是瞎子。孔子认为，君子说话做事，一定要明智。

第三，"君子三戒"。

孔子说："君子有三戒：少之时，血气未定，戒之在色；及其壮也，血气方刚，戒之在斗；及其老也，血气既衰，戒之在得。"（《论语·季氏》）作为君子，有三件事应当自我警惕戒备：少年时期，体质和精神还不稳固，应当戒备的是色欲；到了壮年，体质和精神正当刚强，往往容易冲动，应当戒备的是意气争斗；到了老年，体质和精神已经衰退，往往贪名好利，应当戒备的是贪欲。

第四，"君子三畏"。

孔子说："君子有三畏：畏天命，畏大人，畏圣人之言。小人不知天命而不畏也，狎大人，侮圣人之言。"（《论语·季氏》）君子要敬畏三件事情：一敬畏天命，二敬畏地位高贵的人，三敬畏圣人之言。小人不懂得天命，因而也不加以敬畏，不尊重地位高贵的人，轻侮圣人之言。心怀敬畏，是一种明智的做人态度。

第五，"君子九思"。

孔子说："君子有九思：视思明，听思聪，色思温，貌思恭，言思忠，事思敬，疑思问，忿思难，见得思义。"（《论语·季氏》）"九思"是明确君子言行举止的详细规范。君子要时刻留意九种事：看，要看明白；听，要听清楚；脸色，要温和；容貌，要谦恭；言谈，要忠诚；做事，要谨慎；疑惑时，要询问；愤怒时，要考虑后患；获利时，要合乎道义。九思，实际上包含了温、良、恭、俭、让、忠、孝、仁、义、礼、智等所有的个人道德修养规范。

第六，"君子四恶"。

《论语·阳货》中记载了孔子和子贡的一段对话：

> 子贡曰："君子亦有恶乎？"子曰："有恶：恶称人之恶者，恶居下流而讪上者，恶勇而无礼者，恶果敢而窒者。"曰："赐也，亦有恶乎？""恶徼以为知者，恶不孙以为勇者，恶讦以为直者。"

子贡问："君子也有感到厌恶的人吗？"孔子说："当然有。厌恶宣扬别人坏处的人，厌恶身居下位而诽谤在上位者的人，厌恶勇敢而不懂礼节的人，厌恶固执而又不通事理的人。"孔子接着又问子贡："赐啊，你也有厌恶的人吗？"子贡说："厌恶把剽窃当作聪明的人，厌恶把不谦虚当作勇敢的人，厌恶把告密当作直率的人。"不

说人坏话，不攻人短处，不诽谤上级，不揭发隐私，这是
孔子认可的君子规范。

第三节　其他道德规范

孔子标举的道德准则，除了仁和君子之道，主要还有
如下几种：

（一）宽

宽，就是宽容。《论语》一书中，共有三处提到
"宽"。一是《论语·八佾》中："子曰：'居上不宽，
为礼不敬，临丧不哀，吾何以观之哉？'"二是《论
语·阳货》中："子张问仁于孔子。孔子曰：'能行五者
于天下为仁矣。'请问之。曰：'恭、宽、信、敏、惠。
恭则不侮，宽则得众，信则人任焉，敏则有功，惠则足以
使人。'"三是《论语·尧曰》中："宽则得众，信则民
任焉，敏则有功，公则说。"孔子认为，宽是君主应当具
备的品质。

（二）义

什么是"义"？孔子说"信近于义"（《论语·学

而》）。诚信接近义，因为"言可复也"。说出的承诺，能够践行，就是信，就是义。

义，常规的理解是正义、道义。孔子说"见义不为，无勇也"（《论语·为政》）；又说"君子之于天下也，无适也，无莫也，义之与比"（《论语·里仁》），应该都是指的这个意思。《论语·颜渊》中子张请教士怎样才算得上"达"时，孔子说过"质直而好义"，也是正直、正义的意思；《论语·公冶长》中孔子称赞子产"有君子之道四"，其一就是"其使民也义"；《论语·子路》中也有"上好义，则民莫敢不服"的说法。可见孔子认为，义是最高统治者应该奉行的原则。

判断一个人是义还是不义，是君子还是小人，通常是看他在利益的诱惑和考验下如何取舍。因此，经常把义与利放在一起。孔子说"君子喻于义，小人喻于利"（《论语·里仁》），君子是讲道义的，而小人眼里只盯着利益。孔子主张"见利思义""义然后取，人不厌其取"（《论语·卫灵公》）。面对不义之财，一定要学会拒绝。俗话说"人为财死"，人往往抵不住金钱和利益的诱惑，一个贪念占了上风，就会走上邪路。

（三）信

《论语》中涉及"信"的语句，主要有以下几例：

曾子曰："吾日三省吾身：为人谋而不忠乎？与朋友交而不信乎？传不习乎？"（《论语·学而》）

子曰："主忠信。无友不知己者。"（《论语·学而》）

子曰："十室之邑，必有忠信如丘者焉，不如丘之好学也。"（《论语·公冶长》）

子曰："主忠信，毋友不如己者，过则勿惮改。"（《论语·子罕》）

子曰："主忠信，徙义，崇德也。"（《论语·颜渊》）

子曰："言忠信，行笃敬。"（《论语·卫灵公》）

信近于义，言可复也。（《论语·学而》）

人而无信，不知其可也。（《论语·为政》）

子张问行，子曰："言忠信，行笃敬，虽蛮貊之邦，行矣。言不忠信，行不笃敬，虽州里，行乎哉？立则见其参于前也，在舆则见其倚于衡也，夫然后行。"
（《论语·卫灵公》）

　　子张问如何立身处世的时候，孔子说："说话诚实可信，做事厚道笃敬，即便到了蛮荒之地也行得通。言而无信，做事不厚道，即便在乡里能行得通吗？"总之，要把忠信、笃敬这几个字牢牢记在心间，时时处处奉为圭臬。

　　在《论语》中，经常"忠""信"连用。但是"忠""信"还是两个词，忠，是忠心、忠诚；信，是诚信。这一准则，必须时时处处牢记心头，遵行不悖。

（四）善

　　善，就是善良。孔子说："见善如不及，见不善如探汤。"（《论语·季氏》）善良，理应是最基本的道德。

第四章　孔子的行为哲学

第一节　孔子一生遵行的原则——克己复礼

孔子一生，最重视的就是"诗""礼""乐"，他说"兴于诗，立于礼，成于乐"（《论语·泰伯》），他还说"不学诗，无以言""不学礼，无以立"。可见，"诗"与"礼"在他心目中的地位之重要。

（一）是否为颜回做椁？

孔子对礼的强调与重视，究竟到了什么程度？孔子最得意的弟子颜回死后，因为家里太穷，只能承受得起一口薄薄的棺材。颜回的父亲——同为孔门弟子的颜路，请求孔子毁掉自己的车为颜回做一副椁。孔子说："才不才，亦各言其子也。鲤也死，有棺而无椁。吾不徒行以为之椁，以吾从大夫之后，不可徒行也。"（《论语·先进》）尽管孔子无比器重颜回，他还是断然拒绝了颜路的请求。他还说自己的儿子孔鲤下葬时，也是只有一口棺材，也没有椁。至于为什么拒绝，孔子倒不是爱惜自己的腿脚，也不是舍不得一辆车子，只是他做过大夫，按照

规定，大夫是不能徒步的，出行必须要坐车。"非礼勿动"，就是孔子保留下自己车子的理由。

孔子终其一生，都严格遵循礼数。颜回请教"仁"的时候，孔子说："克己复礼为仁。一日克己复礼，天下归仁焉。"具体说来，就是"非礼勿视，非礼勿听，非礼勿言，非礼勿动"（《论语·颜渊》）。

（二）孔子生活中的礼

孔子的衣食住行，都严格遵循礼的规定。

第一，衣。

《论语·乡党》中记载："君子不以绀緅饰，红紫不以为亵服。当暑，袗绤绤，必表而出之。缁衣，羔裘；素衣，麑裘；黄衣，狐裘。亵裘长，短右袂。必有寝衣，长一身有半。狐貉之厚以居。去丧，无所不佩。非帷裳，必杀之。羔裘玄冠不以吊。吉月，必朝服而朝。"意思是说，君子不用深青透红或黑里透红的布修饰自己的衣服，居家不穿红色或紫色的衣服。夏天穿粗葛或细葛料的单衣，但要穿在衬衣外面。黑色的羔羊皮袍，要搭配着黑色罩衣穿；白色的鹿皮袍，要搭配白色的罩衣；黄色的狐皮袍，要搭配黄色罩衣。居家穿的皮袍要做得长一点，右边的袖子短一些。睡觉时要穿睡衣，睡衣要长出身高的一半。用厚狐貉毛皮做成坐垫。服丧期满脱下丧服后，便可随意佩戴各种饰物。如果不是朝服和祭祀的礼服，一定要加以剪裁。不能穿着黑色羔羊皮袍、戴着黑色帽子去吊丧。每月初一都必须穿着礼服去朝拜君主。可见，孔子服饰的颜色、款式、衣料都很讲究。祭祀、服丧和平时居家的服装都有不同的要求，衣服有单衣、罩衣、麻衣、皮袍、睡衣、浴衣、礼服、便服等，种类齐全。而且皮袍和罩衣的颜色，也一定要搭配。不仅如此，居家的衣服做得宽松，睡衣做长一些，右边袖子短一点，这些细节都表明，孔子的衣服还要讲求舒适和实用。

第二，食。

读过《论语》的人都会觉得孔子日常的饮食很讲究。《乡党》中有如下记载：

> 食不厌精，脍不厌细。
>
> 食饐而餲，鱼馁而肉败，不食。色恶，不食。臭恶，不食。失饪，不食。不时，不食。割不正，不食。不得其酱，不食。
>
> 肉虽多，不使胜食气。唯酒无量，不及乱。沽酒市脯不食。不撤姜食，不多食。

"食不厌精，脍不厌细"已经演变为众所周知的成语。主食越精越好，鱼和肉切得越细越好。放久变味的食物不吃；不新鲜的鱼和肉不吃；颜色不正的不吃；气味不佳的不吃；火候不好的不吃；不合时令的不吃；肉切得不够方正的不吃；佐料放得不适宜的不吃。肉虽多，但不能吃超过主食的量。只有饮酒不加限制，但从不喝醉。从市上买的酒不喝，买的肉干不吃。孔子还喜欢吃点姜，每餐必须有姜，但也不多吃。

"虽疏食菜羹，瓜祭，必齐如也。"（《论语·乡党》）在孔子时代有个习俗，就是在吃饭前把席上各种食品分出少许，放在食具之间祭祖。这样的做法有点类似于西方的感恩节。不过感恩节只是每年特定的一天，而孔子却每日每餐都保持着恭敬感恩的态度。即便只吃简单的粗米饭和蔬菜羹，他在自己用餐之前，也一定要取出一些来祭祖，而且表情跟举行正式的斋戒一样严肃恭敬。

"君赐食，必正席先尝之。君赐腥，必熟而荐之。君赐生，必畜之。侍食于君，君祭，先饭。"（《论语·乡党》）如果国君赏赐了熟食，孔子一定摆正座席先尝一尝。国君赏赐了生肉，一定煮熟了，先供奉给祖宗享用。国君赏赐了活物，一定要饲养起来。如果孔子同国君一起吃饭，在举行饭前祭礼时，他一定要先亲口尝一尝。孔子这么做，是有原因的：古时君主吃饭前，要有人先尝一尝，君主才吃。孔子跟国君吃饭时，自己都主动尝一下，表明他对国君的尊重和对礼数的遵从。

"有盛馔，必变色而作。"孔子参加丰盛的宴席时，一定神色庄重地站起来致谢。"乡人饮酒，杖者出，斯出矣。"（《论语·乡党》）孔子参加乡里举行的饮酒礼时，他从不先行离席，而是一定要等到拄着拐杖的老人离开了，自己才出去，这是对年迈之人的恭敬和尊重。

第三，住。

"寝不尸，居不容。"孔子睡觉时不像死尸一样直挺挺地躺着，平日居家也不像做客或接待客人时那样庄重严肃。尽管如此，他还是"席不正，不坐"。铺得不平整、不方正的席子，孔子不会坐在上面。孔子"食不语，寝不言"。他是个惜言如金的人，吃饭睡觉的时候，都要保持安静。吃饭的时候，不高谈阔论，更不能嘴里含着满口的饭讲话，睡觉前也不要喋喋不休地说个没完没了。这些细节都体现了一个人的教养。

孔子也是人，也会有身体不适的时候，但是，由于孔子是很有社会威望的人，他生病的时候，会惊动国君前来探视。《论语·乡党》中记载："疾，君视之，东首，加朝服，拖绅。"孔子生病，国君来探视他时，他躺在床上，由于无法起身穿朝服，这对国君有失尊重，又违背于礼数，于是他就把朝服盖在身上，还把绶带拖在身上。他这样做，也是出于对礼的尊重。

第四，行。

"君命召，不俟驾行矣。"（《论语·乡党》）如果国君召见孔子，他不等车马驾好，自己就先走了。这么做，体现出君命的重要，表明他对国君的礼敬。

"升车，必正立，执绥。车中，不内顾，不疾言，不亲指。"（《论语·乡党》）孔子上车时，一定先直立站好，然后拉着扶手带上车。在车上，他不回头望，不高声说话，也不用手指指点点。

"见齐衰者，虽狎，必变。见冕者与瞽者，虽亵，必以貌。凶服者式之。式负版者。"（《论语·乡党》）孔子在路上遇见穿丧服的人，即便与对方关系很亲密，他的态度也一定会变得严肃起来。遇见为官者和盲人，即便经常与对方在一起，他也一定庄重有礼。孔子乘车时遇到穿丧服的人，便俯伏在车前横木上以示同情，遇到背负国家图籍的人，也俯伏在车前横木上表示敬意。

第五，待人接物。

《论语·卫灵公》中有这样一段记载：

　　师冕见，及阶，子曰："阶也。"及席，子曰：
"席也。"皆坐，子告之曰："某在斯，某在斯。"
师冕出。子张问曰："与师言之道与？"子曰：
"然，固相师之道也。"

　　师冕（盲乐师）来见孔子，走到台阶前时，孔子说：
"这是台阶。"走到座席旁，孔子说："这是座席。"等
大家都坐下来，孔子告诉他："某人在这里，某人在那
里。"等师冕走了之后，子张就问孔子："这就是与乐师
交谈的正确方法吗？"孔子说："是的，这就是帮助乐师
的方法。"孔子时时处处推己及人，总是能够设身处地为
别人考虑，用他自己的话说，就是"能近取譬"，所以才
这么悉心周到，也让对方感觉很舒服。这就是孔子的礼。
　　"迅雷风烈必变。"（《论语·乡党》）遇到反常的
天气，比如刮大风、打响雷时，孔子的面色也一定会变得
庄重起来，以示对上天的敬意。

（三）孔子工作中的礼

　　第一，在太庙。
　　《论语·乡党》中记载孔子"入太庙，每事问"。在
太庙里，大小事情孔子都要问个仔细。他的谦虚与谨慎，

正是对礼的恭敬与尊重。可是，这样谦恭慎重的态度，也容易引起别人的质疑。于是，就有人非议道："孰谓鄹人之子知礼乎？入太庙，每事问。"（《论语·八佾》）谁说孔子懂得礼数？他进入太庙，大小事情都要向别人询问。孔子闻听此言，说："这就是礼数。"孔子的时代礼坏乐崩，这是孔子最大的担心和忧虑。恢复周礼，就成了他最大的心愿和最高的理想。孔子终其一生，都在为了这个目标而孜孜不倦地努力。

第二，在本乡。

孔子在自己的家乡，会以什么样的形象示人呢？"孔子于乡党，恂恂如也，似不能言者。"（《论语·乡党》）你一定想象不出来，他在本乡本土，从不抢任何风头，总是表现得十分温和恭敬，看上去像是不善言辞的样子。这里的孔子，应该是朴实而且老实厚道的，跟乡里人自然也就没有距离。

第三，在朝廷。

孔子当真不善言辞吗？他只是在自己的家乡不想表现得伶牙俐齿、咄咄逼人而已。他在宗庙、朝廷的表现，却完全是另外一副样子。"其在宗庙朝廷，便便言，唯谨尔。"（《论语·乡党》）他在宗庙里、在朝廷上，却很善于言辞，说话十分到位。

"入公门，鞠躬如也，如不容。立不中门，行不履阈。过位，色勃如也，足躩如也，其言似不足者。摄齐升堂，鞠躬如也，屏气似不息者。出，降一等，逞颜色，怡怡如也。没阶，趋进，翼如也。复其位，踧踖如也。"（《论语·乡党》）孔子走进朝廷的大门，一副谨慎而恭敬的模样，似乎没有容身之地一般。他不站在门口中间，脚也绝不会踩到门槛。当他经过国君的座位时，脸色立刻显得庄重起来，脚步也加快了，说话轻柔得像中气不足一样。当提起衣服下摆向堂上走时，他那恭敬谨慎的样子，好像屏住气不呼吸一般。等从堂上退出来，走下台阶时，他的脸色便舒展开了，换上一副怡然自得的模样。下了台阶，他会加快步伐向前走几步，那姿态如同鸟儿展开双翼。回到自己的位置后，又是一副恭敬不安的模样。

"执圭，鞠躬如也，如不胜。上如揖，下如授。勃如战色，足蹜蹜如有循。享礼，有容色。私觌，愉愉如也。"（《论语·乡党》）孔子出使别国时，手里拿着圭，恭恭敬敬，小心翼翼，像是举不起来一样。向上举时，如同在作揖；放下时，好像在给人递东西。脸色庄重得像是在战栗，他迈着小步直直地往前走。在举行赠送礼物的仪式时，他显得和颜悦色。和国君私下见面时，他则是十分轻松愉快的。

　　第四，与公卿大夫的交往与交谈。

　　孔子跟不同身份地位的人在一起，其言谈举止也不一样。"朝，与下大夫言，侃侃如也；与上大夫言，訚訚如也。君在，踧踖如也，与与如也。"（《论语·乡党》）上朝的时候，国君还没有到来之前，孔子同下大夫交谈的时候，态度不卑不亢而且温和愉快；同上大夫交谈的时候，和颜悦色而且公正直言。国君到来之后，他则显得有点恭敬不安，但又谨慎合宜。

　　第五，应召接待宾客。

　　孔子受国君之命接待宾客时，进退完全合乎礼数。"君召使摈，色勃如也，足躩如也。揖所与立，左右手，衣前后，襜如也。趋进，翼如也。宾退，必复命曰：'宾不顾矣。'"（《论语·乡党》）这时，只见孔子的脸色立即显得庄重起来，脚步也变得快捷，他双手向左、向右作揖，衣服随着身体的动作而向前、向后摆动着，整齐不乱。他快步行走的时候，像鸟儿展开双翅。宾客离去后，他必定向君主汇报说："客人已经不回头望了。"

　　总之，孔子的言谈举止、音容笑貌，能给人留下深刻的印象。他在不同场合的不同表现，都是为了遵循特定的礼数。孔子是个很有分寸的人，知礼又守礼。

第二节　礼之用，和为贵

有子说："礼之用，和为贵。先王之道，斯为美，小大由之。有所不行，知和而和，不以礼节之，亦不可行也。"（《论语·学而》）俗话说，家和万事兴。这句看似简单的话，却是颠扑不破的真理。由小见大，国和万业兴。和谐，对于一个国家，也是尤为重要的，所以，我们要努力建设和谐社会。再往大里说，和，就是全世界、全人类的和平共处。和，不但关系到家族兴旺，关系到国泰民安，还关系到世界和平。

（一）国君要守礼

孔子说："上好礼，则民易使也。"（《论语·宪问》）如果君主好礼，百姓就听从指令并易于管理。孔子的理想就是在当时的社会推行周礼。因而，当鲁定公问他君臣之间应当如何互相对待时，他回答说："君使臣以礼，臣事君以忠。"（《论语·八佾》）孔子还说："恭近于礼，远耻辱也。"（《论语·学而》）

历史上不乏不知礼、不守礼的国君，齐庄公就是其中之一。齐国棠邑大夫棠公的妻子非常漂亮，让齐庄公垂涎三尺，并生起占有之心。棠公死后，齐国大夫崔杼将棠公的妻子娶回了家。齐庄公与棠公的妻子私通，经常到崔杼家里和她幽会，并且把崔杼的帽子拿走送人。崔杼自然怀恨在心，并伺机报复。后来齐国设宴招待贵宾，崔杼称病没有出席。齐庄公亲自前往探视，并借机去找崔杼的妻子。崔杼的妻子走进内室，与崔杼紧闭房门不出来。齐庄公抱着庭里的柱子唱歌，挑逗崔杼妻。宦官贾举一向怨恨庄公，此时，他将庄公的随从拦在大门之外，并将大门关牢。崔杼的家丁手执武器，在庭院中一拥而上，把齐庄公团团包围。齐庄公打算翻墙逃走，却被利箭射中了大腿，最终被杀害。齐庄公与崔杼，"君不君，臣不臣"，各自都不守礼数，所以才有如此下场。

所以，孔子说："能以礼让为国乎？何有？不能以礼让为国，如礼何？"（《论语·里仁》）

孔子说："道之以政，齐之以刑，民免而无耻。道之以德，齐之以礼，有耻且格。"（《论语·为政》）用法制禁令引导百姓，用刑法约束百姓，百姓就会只求免于犯罪受惩，却无廉耻之心。用道德教化引导百姓，用礼制统一行为举止，百姓不仅会有羞耻之心，而且还会守规矩。

（二）大臣要守礼

《论语·八佾》中，孔子这样评价季平子："八佾舞于庭，是可忍也，孰不可忍也？"季平子，即季孙氏，爵位是鲁国正卿。季平子用一支八佾的乐队在自家庭院中举行歌舞表演。佾，是行列，一佾为八人，八佾合起来就是六十四人。《周礼》规定：只有周天子才可以使用八佾乐队，诸侯为六佾，卿大夫四佾，士二佾。季平子是正卿，按照规矩，他只能用四佾。但是，他却用了跟天子相同规格的乐队，这是完全不合乎礼制的。这种公然违背礼数的行为，在孔子看来是难以忍受的，所以，他气愤地说"是可忍也，孰不可忍也"——如果连这都能忍受的话，还有什么是不能忍受的呢？

"三家者以《雍》彻。子曰：'相维辟公，天子穆穆'，奚取于三家之堂？"（《论语·八佾》）《雍》是《诗·周颂》中的一篇，古代天子在祭祀宗庙完毕撤去祭品时唱奏这首诗。但是，在鲁国当政的孟孙氏、叔孙氏、季孙氏三家在祭祖之后，也命乐工唱起了《雍》。孔子愤怒地指责他们这么做违背了礼数。

（三）士人也要守礼

中国古代有个说法，叫"礼不下庶人，刑不上大夫"。礼，只要求到士这一阶层，士以下的阶层，叫"庶人"，"庶人"就是普通老百姓。对普通老百姓，是不做礼的要求的。

士人，无论贫贱富贵，都一定要守礼。孔子说："恭而无礼则劳，慎而无礼则葸，勇而无礼则乱，直而无礼则绞。君子笃于亲，则民兴于仁；故旧不遗，则民不偷。"（《论语·泰伯》）"恭""慎""勇""直"等各种美德，统统需要以"礼"为指导，否则，就会引发各种乱子。只是恭敬而不以礼来指导，做事就会徒劳无功；只是谨慎而不以礼来指导，做人就会畏缩拘谨；只是勇猛而不以礼来指导，行动就会违理悖乱；只是率直而不以礼来指导，说话就会尖酸刻薄。在上位的人如果厚待自己的亲属，百姓中就会兴起仁的风气；君子如果不遗弃老朋友，百姓就不会对人冷漠无情了。所以，孔子说："君子博学于文，约之以礼，亦可以弗畔矣夫！"（《论语·颜渊》）博学于文，约之以礼，就不会做出离经叛道的事情了。

"礼"的表现就是"恭敬"。孔子说："居上不宽，为礼不敬，临丧不哀，吾何以观之哉？"（《论语·八佾》）又说："礼云礼云，玉帛云乎哉？乐云乐云，钟鼓云乎哉？"（《论语·阳货》）守礼，并非做表面文章，不能流于形式，必须是发自内心的恭敬。

骄傲，是最要不得的，会招致祸患。"子贡曰：'贫而无谄，富而无骄，何如？'子曰：'可也。未若贫而乐，富而好礼者也。'"（《论语·学而》）子贡曾经跟孔子探讨待人接物的问题，孔子的建议是：身处贫困，不仅不要谄媚讨好有钱有势的人，还要努力保持快乐的心境；身处富贵，不仅要戒骄戒躁，还要谦恭有礼。

春秋末年，楚国大臣白公胜发动叛乱，杀死执政大臣，并劫持了楚惠王。白公胜占有楚国后，看到堆满仓库的钱财宝物，舍不得分给众人。七天后，勇士石乞对白公胜说："这些都是不义之财，不分给众人，定会招来灾祸。要是不愿给人，不如把它们都烧光，免得被人图财害命。"白公胜却觉得留着这些财物日后还有用，没有听从石乞的建议，仍继续把持着。九天后，楚国将领叶公子高从城外冲入城中，打开宫府的仓库，将财物和兵器分给百姓，带领百姓攻打白公胜。十九天后，白公胜战败，自缢而死。

第五章　孔子的伦理哲学

第一节　解读孝道

《论语》中对于"孝"，也有几种不尽相同的解读：

（一）无怨无违

《论语·为政》中记载：

　　孟懿子问孝。子曰："无违。"

　　樊迟御，子告之曰："孟孙问孝于我，我对曰，无违。"

　　樊迟曰："何谓也？"

　　子曰："生，事之以礼；死，葬之以礼，祭之以礼。"

　　孟懿子向孔子请教孝道。孔子说："无违。"樊迟为孔子驾车时，孔子对他说："孟孙问我什么是孝？我说：'孝就是无违。'"樊迟听后似懂非懂，就接着问道："无违应当怎么理解？"孔子说："父母生前依礼侍奉，父母死后依礼殡葬、祭奠。"

孔子说："事父母几谏，见志不从，又敬不违，劳而不怨。"（《论语·里仁》）如果父母的想法或做法跟自己相左，甚至父母说了错话、做了错事，该怎么办？孔子的意见是，即便如此，也不能忤逆父母，对父母要做到无条件的恭敬。对于父母的错误，只能视情况委婉地劝谏，如果父母不听从劝谏，也不能硬逆着父母的意思，对父母要敬而不违、任劳任怨。

敬而不违、任劳任怨的典型，是古代明君舜。据《尚书·尧典》及《史记·五帝本纪》记载：舜出身贫寒，曾种过田、捕过鱼、做过陶器，还做过小生意。舜的父亲瞽瞍在舜的母亲死后，续了弦，又生了一个儿子名叫象。瞽瞍不明是非，后母嚣张跋扈，象恃宠而骄、狂傲凶暴。这三个人一心想杀害舜。舜每次都设法躲开，而且更加谨慎地侍奉父母，对象也很友善。可是瞽瞍等人还是想谋害舜。有一次他们要舜爬到粮仓上修理屋顶，却在下面放火焚烧粮仓，舜利用斗笠护身，跳下来逃走了。后来瞽瞍又要舜挖井，等舜下到井里，瞽瞍便与象把泥土倒入井中，想把舜活埋。舜只好利用事先已挖好的井边隐秘通道逃走。尽管如此，舜依然孝顺瞽瞍，爱护象，赢得了大家更多的尊敬。以至于时任天子的尧把自己的两个女儿许配给舜，又让舜担任各种官职来考察他的才能，结果舜都做得令人满意。于是尧把天下传给了舜。舜，是孝敬父母的楷模，被列为"二十四孝"之首。

（二）父母唯其疾之忧

"孟武伯问孝。子曰：'父母唯其疾之忧。'"（《论语·为政》）此文中的孟武伯，就是上文中的孟懿子的儿子，名叫孟彘，武是他的谥号。从这父子俩所请教的问题都关乎孝道来看，他们应该也属于孝顺的人了。但是孔子给这父子俩的答案却不相同。给父亲的答案是"无违"，给儿子的答案是"父母唯其疾之忧"。做儿女的，应该把父母的健康排在第一位。

（三）孝即是敬

"子游问孝。子曰：'今之孝者，是谓能养。至于犬马，皆能有养。不敬，何以别乎？'"（《论语·为政》）通常意义上，人们对"孝"的理解，就是"养"——赡养父母。可是，孔子不这么认为，因为犬马等动物都能得到饲养，如果仅仅是局限在养活父母这一点上，人和动物又有什么区别呢？所以，孔子强调"敬"，对父母恭敬，是人和动物的区别。

（四）色难

"子夏问孝。子曰：'色难。有事，弟子服其劳；有酒食，先生馔，曾是以为孝乎？'"（《论语·为政》）子夏向孔子请教什么是孝？孔子说："作为子女，最难做到的就是对父母和颜悦色。仅仅是有了事儿女替父母去做，有了酒饭让父母吃，难道这样就算是尽孝吗？"子女对父母的好脸色，才是最重要的。做到这一点，也是很不容易的。

孔子的弟子子路，不仅直率勇敢，还是一个有名的大孝子。子路年少时，家中贫穷，他常常到山上去采野菜给自己充饥，却从百里之外背米回家侍奉双亲。父母死后，他出仕为官。当子路坐在层层叠叠的锦褥上，吃着丰盛的筵席时，他不由得怀念自己的双亲，慨叹说："即便我想吃野菜，再为父母去背米，可是哪能再有那样的机会呢？"孔子听说后赞扬子路，说："这样侍奉父母，可谓是生时尽力，死后思念啊！"

孔子的弟子闵子骞也是著名的大孝子，闵子骞的母亲去世很早，父亲娶了继母后，又生了两个弟弟。继母对他很不好，常常虐待他。冬天，继母用芦花给他做衣服，而给自己的两个亲生儿子用的却是又软又暖的丝绵。芦花做的衣服看起来很蓬松，却根本不保暖。一天，他和父亲一同驾车出行，寒风凛冽，他冻得瑟瑟发抖。父亲见他明明穿得这么厚还发抖，以为他是在偷懒不肯好好干活，一气之下，就拿起鞭子抽打他。结果，鞭子抽下去，衣服破了，芦花飞出来，父亲这才明白是继母虐待孩子。父亲很生气，回到家里立即就要把继母休掉。可闵子骞非但不记恨继母，反而同情起她来，觉得不能因为这么一件小事就休了继母。于是，他跪下来请求父亲不要把继母赶走，毕竟还有两个小弟弟需要照顾啊。"母在一子寒，母去三子单。"如果把继母赶走了，自己和两个弟弟都会挨饿受冻。尽管继母百般虐待，闵子骞至诚的孝心丝毫不减，而且还顾念兄弟的饱暖和家庭的和乐，他的这份孝心让父亲平息了怒火，也让继母心生惭愧，他们一家从此幸福和睦起来。

（五）身体发肤，受之父母

"曾子有疾，召门弟子曰：'启予足！启予手！《诗》云：'战战兢兢，如临深渊，如履薄冰。'而今而后，吾知免夫！小子！'"（《论语·泰伯》）曾子，即曾参，是孔门弟子中最讲究孝道的。曾参病危的时候，把自己的门人弟子召集起来，让弟子们抬起他的双手和双脚

仔细观察，看看是否完好无损，目的是确保自己的身体发肤都安然无恙。他认为"身体发肤，受之父母"，自己身体上的任何损伤，都是对父母所赐予的身体之大不敬。推而广之，就是对父母的大不孝。曾参的身体是完好的，因而，临终时他感到放松和欣慰。

身体发肤，为什么如此重要？如果我们换一个角度，从关注身体健康的层面来看，就不难理解了。人生在世，什么都比不上健康的身体重要，财富与权力相对于健康真的不算什么，不应该为了追求末节而丧失根本。

战国时期韩魏两国为攫取土地而争战不休。子华子去拜见韩君昭僖侯，只见昭僖侯正因为战事深锁愁眉，十分忧虑。子华子对他说："假如现在天下人在您面前立下誓约，约定您可以获取天下，但是用左手去取，左臂就会被砍掉；用右手去取，右臂就会被砍掉。但是只要去取，就一定能得到天下，您会去取吗？"

昭僖侯回答说："寡人不取。"

子华子说："非常好。由此看来，两只手臂比天下更宝贵。而毫无疑问，生命是比手臂更宝贵的；韩国与天下相比，当然整个天下更为宝贵。而如今韩国与魏国争夺的这块土地，又远不如韩国宝贵。您何必为此而愁眉深锁、伤了身体呢？"

　　昭僖侯听了，心情一下子轻松起来，高兴地对子华子说："说得好！这么多人开导过我，却从没人讲过这样的话。"子华子可谓是真正懂得轻重的人。

　　如何才能做到孝呢？世上最温情的孝，当是承欢膝下，跟父母一起享受天伦之乐。天伦之乐，才是世间最能抚慰心灵的精神营养。孔子说"父母在，不远游"（《论语·里仁》），说的就是要尽量多陪伴父母。但也并非一定不能出远门，只要做到"游必有方"，即让父母知道你的所在而安心，就可以了。

　　尽孝，还要记住父母的年纪，即所谓的"父母之年，不可不知也。一则以喜，一则以惧"（《论语·里仁》）。这句话也是孔子说的，意思是父母的年纪要时时记挂在心里。一方面因父母高寿而心生欢喜，另一方面又因其寿高，而心存忧惧。欢喜的是，父母都这么大年纪了还健在，这是多么地幸福！忧惧的是，父母的年纪都这么大了，总有一天会离开这个世界，害怕那一天会不期而遇。

第二节　三年之孝

　　父母去世之后，要守孝三年。最好的做法是，将父亲生前的意愿继续贯彻三年。孔子说："三年无改于父之

道，可谓孝矣。"（《论语·里仁》）还说："父在，观其志；父没，观其行；三年无改于父之道，可谓孝矣。"（《论语·学而》）

三年之孝的要求，不仅适用于一般的士大夫阶层，天子也要做到。《论语·宪问》载："子张曰：'《书》云，"高宗谅阴，三年不言。"何谓也？'子曰：'何必高宗，古之人皆然。君薨，百官总己以听于冢宰，三年。'"这段话中的"高宗"是商王武宗，"谅阴"是指古时天子守丧，"冢宰"是官职名，相当于后世的宰相。《尚书》中记载高宗守丧，三年不谈政事。子张就这句话向孔子请教。孔子说："不仅高宗，古人都这样做。天子的父亲驾崩之后，天子本人也要守孝三年，这段时间内，朝廷百官都各自做好本职工作，并且由冢宰主持朝政。"

儒家讲究上行下效，既然天子都能做到守孝三年，臣民更应如此。可是，对于三年之孝这个规矩，不是所有人都能理解并愿意遵从。孔门弟子宰我就当着孔子的面，提出了异议。《论语·阳货》中有一段宰我和孔子之间的对话：

宰我问："三年之丧，期已久矣。君子三年不为礼，礼必坏；三年不为乐，乐必崩。旧谷既没，新谷既升，钻燧改火，期可已矣。"

子曰："食夫稻，衣夫锦，于汝安乎？"

曰："安。"

"汝安，则为之！夫君子之居丧，食旨不甘，闻乐不乐，居处不安，故不为也。今汝安，则为之！"

宰我出，子曰："予之不仁也！子生三年，然后免于父母之怀。夫三年之丧，天下之通丧也，予也有三年之爱于其父母乎？"

宰我觉得服丧三年，时间太长了。他还给自己找了很多理由：君子三年不讲究礼仪，礼仪必然败坏；三年不演奏音乐，音乐就会荒废。旧谷吃完，新谷熟了，经过一年时间就可以了。孔子却说："才刚刚过了一年，你就开始吃起了大米饭，穿起了锦缎衣，这样做你觉得心安吗？"宰我说："心安。"孔子说："你觉得心安，那你就去做吧！君子守丧，吃美味也不会觉得可口，听音乐也不会感觉快乐，住在家中也不觉得舒服，所以就不这么做。如今你既然觉得心安，那你就去做吧！"宰我出去后，孔子说："宰我真是不仁啊！小孩子从一生下来，长到三岁才能离开父母的怀抱。服丧三年，是天下通行的丧礼。难道宰我就不能付出三年之爱回报他的父母吗？"

这段话，回答了三年之孝的依据。为什么要守孝三年？就是为了回报孩提时代父母付出的三年养育之恩。早在孔子之前，中国就已经有为父母守丧三年的习惯，而儒家把这个风俗加以道德制度化了。

第三节　孝为何重要

在中国传统文化中，孝是一个很重要的道德伦理规范。

（一）百善孝为先

俗话说"百善孝为先"，这句话究竟有没有道理呢？孔门弟子有子给出了一个答案。"有子曰：'其为人也孝悌，而好犯上者，鲜矣；不好犯上，而好作乱者，未之有也。君子务本，本立而道生。孝弟也者，其为仁之本与！'"（《论语·学而》）

善事父母曰孝，善事兄长曰悌。孝与悌是以孔子为代表的儒家学派特别提倡的两条基本道德规范。孔子说："弟子入则孝，出则悌，谨而信，泛爱众，而亲仁。行有余力，则以学文。"（《论语·学而》）这一段话后来被改编进《弟子规》，孝悌是做人的根本。

（二）君子笃于亲，则民兴于仁

为什么说孝悌是做人的基础？孔子说："君子笃于亲，则民兴于仁；故旧不遗，则民不偷。"（《论语·泰伯》）如果居于上位的人厚待自己的双亲，百姓中就会兴起仁的风气；不遗弃故交旧友，百姓就不会冷漠无情。上行下效，如果人人都对自己的亲人旧交厚道宽容，那么整个社会就会形成仁厚的风气。

（三）孝悌之人受重用

从汉代起，孝悌的品德受到朝廷上下的重视。汉武帝独尊儒术，在选拔统治人才方面特别重视品德。儒家强调为人立身以孝为本，任官从政以廉为方。因此，察举孝廉被确定为选拔人才的最重要的科目。

晋朝时，有一对姓吴的兄弟，住在丹阳郡官署后面。兄弟俩的母亲过世了，两人顿足号哭、哀痛欲绝。当时韩康伯治理丹阳，他母亲住在郡府中，听到吴家兄弟的哭声如此悲恸，就对韩康伯说："你如果为朝廷选任官员，要找机会举荐这俩兄弟。"后来韩康伯出任吏部尚书，这时吴家哥哥已经死了，弟弟受到提拔重用，做了大官。这个故事展示了双重孝道。一是吴氏兄弟对自己母亲的孝心，

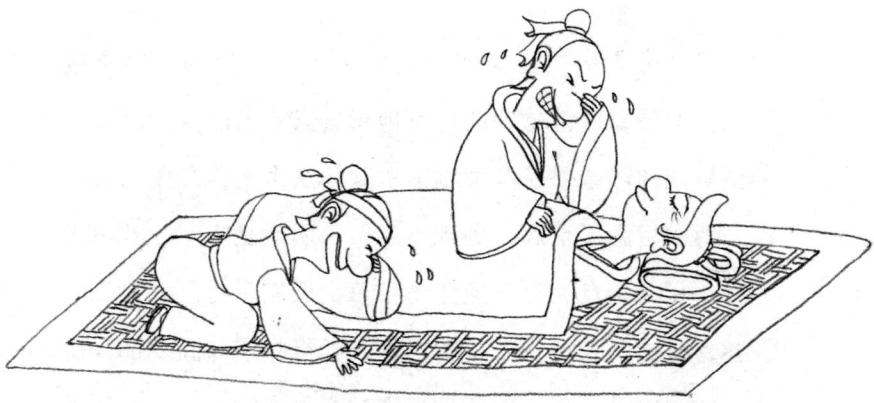

感动了韩康伯的母亲，所以老人才对儿子提出举荐吴家兄弟的建议；二是韩康伯听取了母亲的建议，举荐吴氏弟弟，这也体现了韩康伯的孝心。

治理国家，应该任用孝悌之人。

（四）皇帝孝悌，天下大治

汉文帝是历史上赫赫有名的大孝子，他的英明事迹很多，但最令后世感动的还是他亲尝汤药的故事：汉文帝刘恒对他的母亲——薄太后很孝顺，从来不曾怠慢。有一次，薄太后患了重病，卧床不起，一病就是三年。刘恒三年如一日，亲自为母亲煎药汤，每次煎完，自己总要先尝一尝，试试汤药苦不苦、烫不烫，觉得味道和温度都合适了，才端给母亲喝。文帝日夜守护在母亲病床前，看到母亲睡了，自己才趴在母亲病床边睡一会儿。在他的悉心照顾下，三年后，母亲终于恢复了健康。文帝孝顺母亲的事迹，在朝野广为流传，人们都称赞他是一个仁孝之子，并把他的故事列为"二十四孝"的第二孝，世代流传。

汉文帝在位时，励精图治，兴修水利，废除肉刑，厉行节俭，百姓富裕，天下小康，汉朝进入强盛安定的时期。

第六章　孔子的经济哲学

第一节　君子爱财

金钱和物质利益，往往是儒家君子难于启齿的话题。一张口谈钱，似乎一个人就显得庸俗了。其实，君子也爱财。

（一）君子也爱财

《论语·宪问》中有这样一段记载：

　　子问公叔文子于公明贾曰："信乎，夫子不言，不笑，不取乎？"

　　公明贾对曰："以告者过也。夫子时然后言，人不厌其言；乐然后笑，人不厌其笑；义然后取，人不厌其取。"

　　子曰："其然？岂其然乎？"

孔子向公明贾打听公叔文子的为人，说："听说公叔先生不说、不笑、不取钱财，真是这样吗？"公明贾回答道："这就是对您讲这些话的人的过错了。公叔先生该说时才说，因此别人不厌恶他说；该高兴时才笑，因此别人不厌恶他笑；合乎义的财才取，因此别人不厌恶他取。"孔子说："原来这样啊，难道真的是这样吗？"

那么，孔子对于金钱的态度，又是怎样的呢？

其实，《论语》中也有孔子直接开口谈钱的记载。"富而可求也，虽执鞭之士，吾亦为之。如不可求，从吾所好。"（《论语·述而》）他还说："富与贵，是人之所欲也；不以其道得之，不处也。贫与贱，是人之所恶也；不以其道得之，不去也。君子去仁，恶乎成名？君子无终食之间违仁，造次必于是，颠沛必于是。"（《论语·里仁》）可见，如果有机会能够博得富贵，孔子还是愿意尝试的。但是，如果富贵不可求，那就做好自己喜欢的事。对于财富和爵位，孔子持如此达观坦诚的态度。

孔子开口谈钱，还不止一次。孔子周游列国时，在卫国待了很长时间。这一方面是因为孔门很多弟子都在卫国做官，便于师徒之间互相照顾；另一方面，孔子也在观察卫君，等待机会。卫灵公曾经问孔子在鲁国的工资待遇如何——"居鲁得禄几何？"（《史记·孔子世家》）孔子毫不犹豫地回答："我的俸禄是粟米六万。"卫国作为下家，给出的待遇不可能比上家的鲁国少，于是卫国也承诺

给他粟米六万的俸禄。孔子在谈待遇的时候，出价也是毫不含糊的。他觉得凭借自己的能力和才干，这是该得的报酬。如果对方出价太低，就是对自己才干的不认可，也是对自己的不尊重。

这就是所谓的"君子也爱财"。

（二）不义而富且贵，于我如浮云

君子尽管爱财，但一定不会汲汲于功名富贵，把追求利益最大化作为人生目标。孔子说："饭疏食，饮水，曲肱而枕之，乐亦在其中矣。不义而富且贵，于我如浮云。"（《论语·述而》）孟子也表述过同样的意思："万钟则不辨礼义而受之，万钟于我何加焉！"（《孟子·告子上》）

东晋有个大官叫吴隐之，他幼年丧父，跟母亲艰难度日，养成了勤俭朴素的习惯。做官后，他依然厌恶奢华，不肯搬进朝廷给他准备的官府，多年来全家只住在几间茅草房里。后来，他的女儿出嫁，人们想他一定会好好操办一下。谁知大喜这天，吴家仍然冷冷清清。谢石将军的管家前来贺喜，看到一个仆人牵着一条狗走出来。管家问道："你家小姐今天出嫁，怎么一点筹办的样子都没有？"仆人皱着眉说："别提了，我家主人太过分节俭了，小姐今天出嫁，主人昨天晚上才吩咐准备。我原以为这回主人该破费一下了，谁知主人竟叫我今天早晨到集市上去把这条狗卖掉，用卖狗的钱再去置办东西。你说，一条狗能卖多少钱，我看平民百姓嫁女儿也比我家主人气派啊！"管家感叹道："人人都说吴大人是少有的清官，看来真是名不虚传。"

第二节 财尽其用

君子爱财，取之有道。但是，有道之财，来的并非容易。

（一）赚钱不易

英国著名哲学家培根在《论财富》中指出，如果财富是通过辛勤工作等正当渠道取得的，财富的积累就会很慢，赚钱是辛苦的，这是众所周知的事实。但是如果财富是通过继承、遗嘱等不劳而获的方式获得的，就来得特别容易。而且培根还指出，世上致富的方法很多，但绝大多数的都是邪恶的。

孔子也意识到了赚钱的艰辛与不易，他说："回也其庶乎，屡空。赐不受命，而货殖焉，亿则屡中。"（《论

语·先进》)颜回的学问与道德都接近完美了，可是他却常常陷入贫困。子贡不听从命运的安排与摆布，却能经商致富。可以看出，孔子对颜回拥有如此高尚的品质却生活贫困拮据深感遗憾和同情。相反，子贡经商却很容易赚到大钱。命运，在孔子看来是不公平的。

（二）雪中送炭胜过锦上添花

《论语·雍也》中有一段记载：

> 子华使于齐，冉子为其母请粟。子曰："与之釜。"请益。曰："与之庾。"冉子与之粟五秉。子曰："赤之适齐也，乘肥马，衣轻裘。吾闻之也：君子周急不继富。"

子华，是孔门弟子公西赤，也称公西华。冉子，即冉求。公西华出使齐国，冉求向孔子请求补助一些谷米给公西华的母亲。孔子吩咐给一釜（六斗四升），冉求请求再多给一点，孔子说再给一庾（二斗四升），冉求却自作主张给了五秉（八十斗）。孔子知道后，说："赤去齐国，坐着肥马驾的车子，穿着又轻又暖的皮袍。我听说君子只周济急需帮助的人，而不是为富人锦上添花。"

"原思为之宰，与之粟九百，辞。子曰：'毋，以与尔邻里乡党乎！'"（《论语·雍也》）原思，即孔子弟子原宪。原思担任孔子家的总管，孔子给他粟米九百（大概是年薪），原思推辞不受。孔子说："拿着拿着，如果有多余，就分给你家乡的穷人吧！"这是孔子"君子周急不继富"精神的具体体现。孔子是个充满爱心的仁人。

（三）强烈反对贪腐

"季氏富于周公，而求也为之聚敛而附益之。子曰：'非吾徒也。小子鸣鼓而攻之，可也。'"（《论语·先进》）

季氏把持国政，曾几度瓜分鲁国公室聚敛了大量财富，而孔门弟子冉求还帮季氏大肆搜刮钱财。冉求这个人，史料记载并不太多，联系上文他为公西华的母亲请求补助，由于不听孔子的意见自作主张多给粟米而遭到孔子批评一事来看，冉求应当是喜欢攀附、乐于锦上添花的人。在孔子看来，冉求不够公正、不够善良，不是孔子欣赏的类型。反腐倡廉的精神，大概是从孔子就开始提倡了。

（四）财尽其用

鲁国有一条法律：鲁国人在本国之外沦为奴隶，如果有人能把他们赎出来，回国后就可以从国库领取一笔赎金。子贡从国外赎回了一个鲁国人却不接受国家支付给他的补偿。在一般人看来是子贡品格高尚，做了好事却拒绝接受报偿。但是孔子却不这么看，他对子贡说："你错了。你这么做，今后鲁国人就不再愿意为在外的同胞赎身了。如果你接受国家的补偿金，并不会损害你的行为，然而你却不肯拿回你抵付的钱。"孔子看重一件事可能产生的长期影响，因为他是具有长远眼光的人。

有一次，子路救起了一名落水者，人家为了感谢他的救命之恩，就送给他一头牛。子路收下了牛，孔子觉得子路做得对，还说："这下鲁国人一定会勇于营救落水者了。"孔子的高人之处，就在于他能见微知著，洞察人情，还能预见事态的发展，这是很了不起的。

第三节　达观对待财富

孔子的财富观是比较开明的。"周有大赍，善人是富。"（《论语·尧曰》）让臣民过上好日子，提高百姓的生活水平，本是在上位者应该关注的问题。食不果腹、衣不蔽体的日子，是痛苦的，也是没有尊严的。物质财富在一定程度上，是跟人的幸福指数成正比的。所以，孔子从没有公然排斥财富，对财运不济、品行良好的人还充满同情。

（一）安贫乐道

《列子·天瑞》中记载了一则孔子见荣启期的故事：孔子游泰山的时候，遇见荣启期。荣启期穿着鹿皮做的衣服，扎着草绳做的腰带，一边弹琴一边歌唱。孔子问道："先生您为何这么快乐呢？"荣启期回答说："让我快乐的事有很多。天生万物，人是最高贵的，我有幸生而为人，这是第一乐；男女有别，我生为男人，这是第二乐；人生下来就有看不见日月的，有在襁褓中就夭折的，我已经活了九十岁了，这是第三乐。贫困，是士人的常态；死亡，是人生的归宿。处于常态得以善终，还有什么值得忧虑的？"孔子钦佩地赞叹道："好！这真是能自我宽慰的人啊。"

孔子由衷赞叹身处贫困也不忘初心的人，尤其是颜回。他说："贤哉回也！一箪食，一瓢饮，在陋巷，人不堪其忧，回也不改其乐。"颜回的安贫乐道，让孔子深深折服。孔子甚至认为自己和多金多能的子贡都不如颜回。

孔子说过："贫而无怨难，富而无骄易。"（《论语·宪问》）一个人身处贫困，是很难做到内心平静的。一般人越穷越容易抱怨，颜回安贫乐道，实属不易。

以孝行受到孔子肯定的闵子骞，也是不慕名利的淡泊之人。季孙氏曾经打算任用闵子骞为费邑宰。闵子骞听说后，对前来邀请他的人说："善为我辞焉！如有复我者，则吾必在汶上矣。"（《论语·雍也》）请你一定好好替我推辞掉吧！如果再来召我，那我一定会跑到汶水边去了。

孔子说："士志于道，而耻恶衣恶食者，未足与议也。"（《论语·里仁》）以上几位孔门弟子的人生态度，正是"不耻恶衣恶食"、甘于清贫而勉力求道的典范。

（二）富而好礼

当一个人博取了巨大的财富，又该怎样处世立身？孔子说："奢则不孙，俭则固。与其不孙也，宁固。"（《论语·述而》）太过奢侈就会越礼，太过节俭就是寒酸。与其奢侈，宁肯节俭；与其越礼，宁肯寒酸。"子贡曰：'贫而无谄，富而无骄，何如？'子曰：'可也。未

若贫而乐，富而好礼者也。'"（《论语·学而》）孔子说过"贫而无怨难，富而无骄易"（《论语·宪问》），贫而无怨，是难做到的。"（子）在陈绝粮，从者病，莫能兴。子路愠见曰：'君子亦有穷乎？'子曰：'君子固穷，小人穷斯滥矣。'"（《论语·卫灵公》）楚王听说孔子贤能，准备征召孔子入楚，但是陈国和蔡国大夫们害怕孔子在楚国受到重用后，楚国会强大起来，威胁到本国的利益，就把孔子围困在陈蔡之间，目的是阻止孔子入楚。孔子在陈蔡之间绝粮几天，弟子们因为饥饿而病倒，孔子依旧"讲诵弦歌不衰"。在这一筹莫展之际，子路沉不住气了，开始在孔子面前抱怨，并质问孔子："君子亦有穷乎？"孔子说："君子固穷，小人穷斯滥矣。"子路在此事件中的反应，刚好应验了孔子所说的"贫而无怨难"。

"富而好礼"是比"贫而无怨"容易做到的，但是也有很多富贵之人做不到。尉迟敬德是唐太宗手下一员猛将，跟随太宗东征西战，立下显赫战功，尊享荣华富贵。后来尉迟敬德觉得自己功高盖世，不把别人放在眼里，甚至在长孙无忌、房玄龄、杜如晦等执政大臣面前也非常傲慢。一天，唐太宗大宴群臣，尉迟敬德见有人的座次排在自己席位之上，就怒气冲冲地说："你们有什么功劳，胆敢坐在我上面？"任城王李道宗坐在他上面，便解释了几句。没料到，他一拳打在李道宗的眼睛上，差点把他打瞎。唐太宗见状十分不高兴，对尉迟敬德说："我阅览汉史，看见汉高祖的功臣没有被杀的寥寥无几，我内心经常觉得这样不应该。因此在我即位之后，心里经常思量着保全功臣，不使他们断子绝孙。然而您身居高位，动辄犯法，我才明白韩信、彭越之所以被杀，并不仅仅只是汉高祖的过失。国家法律，只有赏和罚，你好自为之吧，不要留下让自己后悔的祸根。"尉迟敬德意识到了事情的严重，再也不敢放肆无礼了。

富贵而骄，也是大忌。富贵之人，只有谦虚礼貌地对待别人，才能不为自己树敌，路越走越宽。

第七章 孔子的政治哲学

第一节　节用爱民

（一）朕躬有罪，无以万方；万方有罪，罪在朕躬

《论语·尧曰》中记商汤的话说："朕躬有罪，无以万方；万方有罪，罪在朕躬"。意思是：假如我本人有罪，不要牵连天下百姓，假如天下百姓有罪，都让我一人承担。还说："百姓有过，在予一人。"百姓有任何过错，责任都让我一个人扛。

在中国古代有一位受人敬仰的圣王，他不追求自己的权势与财富，安于贫困，处处为百姓着想。这位圣王就是古公亶父。周室传到古公亶父的时候，殷朝开始没落。他重兴祖先公刘的政策，发展农业，积德行义，很受国人爱戴。但是，戎、狄等部族常来攻打他的地盘，即使给了他们财物他们还不满足，仍然继续进攻。百姓都很愤怒，准备决一死战。古公亶父说："人民拥立君主，那是因为这个君主可以为百姓谋福利。现在戎、狄来侵略，就是因

为觊觎我们的土地和百姓。只要百姓生活得好，在我这里
和在他那里，有什么区别呢？现在百姓为了我而战斗，但
打起来是要死人的，因为我而杀了别人的父兄子弟，然后
再让我继续做君主，我实在不忍心啊。"于是，古公亶父
就学他的远祖，悄悄地与家人避到梁山西南的岐山之下。
老百姓知道后，扶老携幼追到岐山来，照旧跟随他。附近
的部族久仰古公亶父的仁义贤名，也都归附于他。古公亶
父开始改革陋习，建设城郭，把土地分给百姓，并建立官
制，明确职责，形成"国家"的雏形，所以他被称为周朝
的"太王"。古公亶父的伟大之处，就在于不孜孜以求地
扩充自己的势力和利益，也不一味追求强大，而是安贫
乐道，处处为百姓着想。他的无私赢得了百姓的尊重和
拥戴。

（二）节用爱民

《论语·颜渊》中有两段非常有名的记录。

> 子贡问政。
> 子曰："足食，足兵，民信之矣。"
> 子贡曰："必不得已而去，于斯三者何先？"
> 曰："去兵。"

子贡曰："必不得已而去，于斯二者何先？"

曰："去食。自古皆有死，民无信不立。"

哀公问于有若曰："年饥，用不足，如之何？"

有若对曰："盍彻乎？"

曰："二，吾犹不足，如之何其彻也？"

对曰："百姓足，君孰与不足？百姓不足，君孰与足？"

孔子强调保证百姓温饱的重要性——衣食足而知荣辱。民以食为天，百姓能吃饱饭，才会信任国君。怎样才能取得百姓的信任？答案是爱民。

爱民的前提是节用。鲁哀公在鲁国遭遇灾荒财政紧张时征求有若的意见，有若告诉他减轻赋税，只征收十分之一。鲁哀公十分不解，忍不住反驳道："我征收十分之二的田赋，尚且不能保证收支平衡，何况十分之一？"有若说："百姓丰足，您还会不丰足吗？百姓缺衣少食的话，您一人丰足又有什么意义呢？"

孔子认为国君节制财用，不穷奢极欲，才是对百姓最大的爱护。孔子得知郑国子产的死讯后，为之流泪，并称誉子产是"古之遗爱"。因为子产具有四种品质："其

行己也恭，其事上也敬，其养民也惠，其使民也义。"（《论语·公冶长》）其中"养民惠""使民义"两条，是厚待百姓，就是爱民。

"万里长城今犹在，不见当年秦始皇。"茫茫宇宙中，无论财富还是名声，抑或权势，哪个能长久呢？作为一国之君，如果能"不贵难得之货"，就是对人性本能的超越，也是真正的大智慧。西汉初年汉文帝即位后，国力疲弱，百姓困顿。汉文帝打算筑一座露台，召集工匠测算了一下成本，得知需要花费"百金"。文帝说："百金，相当于十户中等人家的家产了。我继承先帝营造的宫室，还常常觉得受之有愧，再建一座露台做什么呢？"于是，文帝断然放弃了修建露台的打算，不愧为"节用爱民"的典范。正是由于汉文帝的仁慈和博爱，待民如子，汉代很快从战乱贫弱中恢复过来，为汉朝的强盛奠定了坚实的基础。

（三）民富国强

《论语·子路》中记载：

子适卫，冉有仆。子曰："庶矣哉！"

冉有曰："既庶矣，又何加焉？"

　　曰："富之。"

　　曰："既富矣，又何加焉？"

　　曰："教之。"

　　子曰："苟有用我者，期月而已可也，三年
有成。"

　　孔子到卫国去，冉有为他驾车。一路上，孔子忍不住
感慨道："卫国人口众多啊！"在孔子时代，考量一个国
家的富裕程度主要指标有两个：土地和人口，人口是一个
特别要紧的资源。冉有问："人口已经很多了，下一步该
怎么办？"孔子说："让百姓富裕起来。"冉有问："百
姓富裕起来后，下一步该怎么办？"孔子说："教化百
姓。"教化的目的就是让百姓通达事理，为君主和国家效
力。孔子接着说："如果能够为人辅政，我几个月就能让
国家走上正轨，三年就能实现大治。"

　　国君要赢得百姓，就必须让百姓的生活有可靠的保
障。"衣食足而知荣辱"，百姓只有丰衣足食了，才便于
管理。相反，一无所有、衣食不保的人很容易打家劫舍、
滋生事端，社会就不稳定，这是显而易见的道理。所以，
一个英明的君主不会搜刮民脂民膏，一定是藏富于民。百
姓富裕了，国家才能真正富强。

第二节　政者正也

君主，对于一个国家起着至关重要的作用，一个国家能否治理好，关键就在于君主。孔子认为，君主应该做到如下几点：

（一）为政以德

孔子说："其身正，不令而行；其身不正，虽令不从。"（《论语·子路》）当季康子向孔子请教如何治理国家时，孔子说："政者，正也。子帅以正，孰敢不正？"（《论语·颜渊》）他还说："苟正其身矣，于从政乎何有？不能正其身，如正人何？"（《论语·子路》）孔子反复强调榜样的力量。中国有句古话说"上行下效"，所谓"正"，就是要做臣民的好榜样，在全国上下树立良好风气。

"正"，就是"为政以德"。

季康子打算实行"田赋"，即将军费改为按田亩征税，并派冉求就此征求孔子的意见。孔子说："如果不遵守礼数，贪婪冒进没有止境，即便征收田赋，也会再度面临财政不足。"但是很遗憾，季康子没有听从孔子的建议。

《左传·哀公十一年》也记载孔子劝季康子："'若不度于礼，而贪冒无厌，则虽以田赋，将又不足。'季氏不听。"孔子不赞成季康子横征暴敛，就是体恤民力的具体体现。

鲁昭公二十五年，即公元前517年，鲁昭公攻伐季孙氏，季孙、孟孙、叔孙三家联合反抗昭公，昭公兵败逃亡到齐国。孔子为逃避鲁国战乱携带弟子前往齐国。孔子一行路过泰山脚下时，发现一位妇人在一座坟墓前哭泣，十分悲痛。车上的孔子听了，心生不忍，就打发子路上前询问。妇人伤心地说："我的公公丧身虎口，我的丈夫也丧身虎口，如今我的儿子又被老虎吃掉了。"孔子闻听此言，问道："那你为何还不离开此地？"妇人说："因为这里没有苛政。"孔子听了，动情地对弟子们说："小子识之，苛政猛于虎也！"（《礼记·檀弓下》）这位妇人哭诉亲人频频被老虎咬死仍不愿离开，就是因为这里没有苛政。这件事对孔子的触动是很大的，不由得发出"苛政猛于虎"的慨叹。

跟苛政相对的，就是德政。孔子说："为政以德，譬如北辰，居其所而众星共之。"还说："道之以政，齐之以刑，民免而无耻。道之以德，齐之以礼，有耻且格。"（《论语·为政》）孔子认为，如果国君实行德政，就能

赢得人民，臣民就会如同众星捧月一般拥戴他。他所谓的"如有王者，必世而后仁"（《论语·子路》），就是这个意思。为政以德，就是孔子的仁政思想。

孔子说："'善人为邦百年，亦可以胜残去杀矣。'诚哉是言也！"（《论语·子路》）一个国家由善良的国君治理一百年，就能摒除残暴杀戮。孔子对这句话深以为然，当季康子担忧盗贼，并就此向孔子征询意见时，孔子说："苟子之不欲，虽赏之不窃。"（《论语·颜渊》）如何才能做到天下无贼？孔子认为自己要做到贪欲不生于心，人没有贪欲就不会有如此这般的担忧了。季康子继续说："如果杀掉无道之人来成全有道之人，怎么样？"孔子说："您治理国家，哪里用得着杀戮？您只要想行善，老百姓也会跟着行善。居上位者的品德好比风，老百姓的品德好比草，风吹到草上，草就必定随风伏倒。"从这一段话可以看出，孔子明确反对暴政，主张德政。

（二）举贤授能

《论语·子路》中记载：

> 仲弓为季氏宰，问政。
> 子曰："先有司，赦小过，举贤才。"

　　曰："焉知贤才而举之？"

　　曰："举尔所知；尔所不知，人其舍诸？"

　　仲弓做了季孙氏的家臣，向孔子请教如何管理政事。孔子说："责成官吏各负其责，赦免小过错，选拔举用贤才。"仲弓接着问："如何识别贤才并加以举用？"孔子说："选拔你所知道的，至于你不知道的，难道别人还会埋没他们吗？"

　　《史记·孔子世家》记载：齐景公与晏婴到鲁国，景公问孔子："秦穆公何以能称霸？"孔子回答说："因为善于用人。"

　　一个贤臣能否受到重用，关键在于是否得遇明君。孔子的悲剧就在于怀才不遇。但是，历史上确实也有人比较幸运，比如管仲得遇齐桓公。齐国发生内乱，齐襄公的弟弟公子纠和公子小白都逃亡在外。公子纠携管仲在鲁国投靠舅舅鲁庄公，公子小白携鲍叔牙逃亡到莒国。齐襄公死后，鲁庄公支持公子纠回国即位，公子小白也从莒国赶赴齐国。管仲奉鲁庄公之命拦截公子小白，一箭射中公子小白的带钩。公子小白十分机智，佯装死亡，躺在那里一动不动，骗过了管仲和公子纠得以逃命，然后，马不停蹄地赶回齐国即位。按规矩，谁先即位谁就是国君，公子小白就是历史上赫赫有名的齐桓公。齐桓公即位后，对鲁庄公耿耿于怀，他在乾时（今山东桓台县南）大败鲁军，逼鲁庄公杀死公子纠。按说齐桓公也不会放过管仲，但是鲍叔牙从中斡旋，让桓公明白当时的形势不过是各为其主，管仲忠于自己的主子，奉命射杀桓公，实属迫不得已。就这样，齐桓公听从了鲍叔牙的建议，重用管仲，实现大治。

君主不可能事必躬亲，任用贤臣是国家实现大治的重中之重。

（三）举直错枉

鲁哀公问政时，孔子说："政在选臣。"哀公接着又问："何为则民服？"怎么做才能让百姓发自内心地服从？孔子回答说："举直错诸枉，则民服；举枉错诸直，则民不服。"（《论语·为政》）。

关于"举直错枉"，《论语·颜渊》中有这样一段记载：

> 樊迟问仁。子曰："爱人。"
>
> 问知。子曰："知人。"
>
> 樊迟未达。
>
> 子曰："举直错诸枉，能使枉者直。"

　　樊迟退，见子夏曰："乡也吾见于夫子而问知，子曰'举直错诸枉，能使枉者直'，何谓也？"

　　子夏曰："富哉言乎！舜有天下，选于众，举皋陶，不仁者远矣。汤有天下，选于众，举伊尹，不仁者远矣。"

　　樊迟问怎样才能达到仁的境地？孔子说："爱人。"又问怎样才能达到智的境地？孔子说："知人。"樊迟还是不明白。孔子说："任用正直的人来管理那些邪伪不正的人，就能使邪曲的人正直起来。"樊迟退出后，见到子夏，对他说："刚才我去见先生，向他请教什么是'智'，他说：'任用正直的人来管理那些邪曲的人，就能使邪曲的人也正直起来。'这是什么意思？"子夏说："这话含意太深广了！舜有了天下，在众人中选皋陶担任他的臣子，那些不仁的人也就远离了；汤有了天下，在众人中选伊尹担任他的相，那些不仁的人也就远离了。"

　　春秋时期的赵襄子，就深谙"举直错诸枉"之道，《战国策》记载：

　　智伯率领赵氏、韩氏和魏氏三家的军队攻打范氏和中行氏，消灭了他们。休整了几年之后，智伯派人到韩、魏两家索要土地。韩康子和魏宣子分别听从谋士段规和赵葭的建议，委曲求全，割让土地给智伯。智伯得手后很高兴，又派人到赵家索要蔺、皋狼等地，赵襄子不给他，智伯暗地里勾结韩氏、魏氏，准备进攻赵氏。

赵襄子听从张孟谈的建议，布兵晋阳，积极备战。智伯和韩氏、魏氏三家的军队逼近晋阳，三个月不能攻克，于是部署兵力将晋阳包围了三年。城中的军民修筑巢穴居住，将锅悬挂起来做饭，钱财和粮食都要用光了，士兵身体瘦弱。赵襄子对张孟谈说："粮食匮乏，财力殚尽，士大夫疲惫，我不能坚守了。打算带领晋阳军民投降，怎么样？"张孟谈说："我听说，如果国家濒于灭亡而不能保全它，陷入危险而不能转危为安，那就不用倚重智士了。大王放弃投降的打算，不要再提了。请让我去拜见韩国和魏国的君主。"赵襄子说："好吧。"

于是张孟谈暗地里拜见韩氏和魏氏，晓以利害，说服他们同意联合兵力进攻智伯。张孟谈从韩氏和魏氏两家出来后，在辕门外遇见智过，智过满脸狐疑地看了张孟谈一眼，就去见智伯，警告智伯事情可能有变。张孟谈感觉情势危急，建议赵襄子连夜行动。赵襄子说："好吧。"又派张孟谈去见韩氏和魏氏，当晚杀死了把守河堤的官吏，打开晋水大堤淹没了智伯的军队。智伯的军队因为救水而大乱，韩氏和魏氏的军队从两边进攻他们，赵襄子率领军队从正面进攻，智伯的军队大败，智伯自己丧命，领地被瓜分，成为天下人的笑柄，这都是他贪得无厌的结果。

从上面的故事我们可以看出，张孟谈策划奇计，出其不意，攻其不备，立下赫赫战功，成为大功臣。按理说张孟谈理应接受最高奖赏了，但赵襄子突围以后嘉奖五位功臣，赫然位居第一的竟然是一位名叫高赦的人。张孟谈感到十分不解，问："晋阳一战，高赦并没有立下显赫的大功，为什么行赏的时候却把他排在第一位？"

赵襄子回答说："我的江山社稷陷入危急存亡的时刻，我处在焦虑忧郁之中，与我交往仍然不失君臣之礼的只有高赦一人，我因此把他排在第一位。"

孔子听了这件事，说："赵襄子可谓善于行赏啊！赏赐了一个人，而天下为人臣者都不敢对君主失礼了。"

这就是"举直错诸枉"的真意。

（四）尊五美，屏四恶

《论语·尧曰》中记载：

　　子张问于孔子曰："何如斯可以从政矣？"

　　子曰："尊五美，屏四恶，斯可以从政矣。"

　　子张曰："何谓五美？"

子曰："君子惠而不费，劳而不怨，欲而不贪，泰而不骄，威而不猛。"

子张曰："何谓惠而不费？"

子曰："因民之所利而利之，斯不亦惠而不费乎？择可劳而劳之，又谁怨？欲仁而得仁，又焉贪？君子无众寡，无小大，无敢慢，斯不亦泰而不骄乎？君子正其衣冠，尊其瞻视，俨然人望而畏之，斯不亦威而不猛乎？"

子张曰："何谓四恶？"

子曰："不教而杀谓之虐；不戒视成谓之暴；慢令致期谓之贼；犹之与人也，出纳之吝谓之有司。"

　　子张向孔子请教如何处理政事。孔子说："尊重五种美德，摒除四种恶政，这样就可以处理政事了。"子张问："五种美德是什么？"孔子说："君子要给百姓以恩惠而不浪费；让百姓劳作而不招致怨恨；要追求仁德而不贪图财利；庄重而不傲慢；威严而不凶猛。"子张问："如何理解惠而不费——要给百姓以恩惠而不至于浪费？"孔子说："让百姓去做对他们有利的事，这不就是惠而不费吗？让百姓在合适的时间做合适的事，有谁会怨恨？追求仁而得到仁，还贪求什么？君子待人，无论对方数量多与少，势力大与小，都不敢怠慢，这不就是泰而不骄吗？君子衣冠整齐，目不斜视，让人一见就心生敬畏，这不就是威而不猛吗？"

子张又问："什么是四种恶政？"孔子说："不经教化便加以杀戮叫作虐；不加告诫便要求成功叫作暴；不加监督而突然设定期限叫作贼；同样是给人财物，却出手吝啬，叫作小气。"由此可见，孔子对德治、礼治社会均有自己独到的见解，这在今天仍然具有一定的借鉴意义。

（五）身为表率

孔子最推重的贤君就是尧、舜、禹，孔子对禹有这样的评价："禹，吾无间然矣。菲饮食而致孝乎鬼神，恶衣服而致美乎黻冕，卑宫室而尽力乎沟洫。禹，吾无间然矣。"（《论语·泰伯》）孔子说："对禹，我真的没有什么可以挑剔的！他自己饮食简单，却竭力敬奉鬼神；他穿的衣服极尽简朴，祭祀时却尽量穿得华美；他住的宫室低矮，却致力于沟渠水利。对禹，我确实没有什么可挑剔的。"孔子认为禹自己生活极其简朴却对国事鞠躬尽瘁，是执政者的榜样。

孔子说："上好礼，则民易使也。"（《论语·宪问》）国君好礼，就便于在全国上下推行礼，就能建立一个彬彬有礼的和谐社会。

什么样的社会最和谐？公元前516年，齐景公问政于孔子，孔子有一个很有名的回答："君君、臣臣、父父、子子。"一个国家中，国君像国君，臣子像臣子，父亲像父亲，儿子像儿子，亦即国君、臣子、父亲、儿子各司其职、各尽其责，互不僭越，社会就有秩序。孔子这番话，齐景公深以为然，他说："信如君不君，臣不臣，父不父，子不子，虽有粟，吾得而食诸？"（《论语·颜渊》）如果君不君，臣不臣，父不父，子不子，国运估计不会长久，国君也难以自保了。

《论语·颜渊》中记载了一个小插曲：

> 樊迟请学稼。子曰："吾不如老农。"
> 请学为圃。曰："吾不如老圃。"
> 樊迟出。子曰："小人哉，樊须也！上好礼，则民莫敢不敬；上好义，则民莫敢不服；上好信，则民莫敢不用情。夫如是，则四方之民襁负其子而至矣，焉用稼？"

樊迟向孔子请教如何种庄稼。孔子说："我不如老农。"樊迟又请教如何种菜。孔子说："我不如菜农。"

樊迟退出以后，孔子说："樊迟真是个胸无大志的人。统治者重视礼，百姓就不敢不敬畏；统治者重视义，百姓就不敢不服从；统治者重视信，百姓就不敢不真心对你。能做到这些，四面八方的百姓就会扶老携幼前来归附，哪用自己去种庄稼？"

一次，季康子问："使民敬、忠以劝，如之何？"孔子说："临之以庄，则敬；孝慈，则忠；举善而教不能，则劝。"（《论语·为政》）季康子作为当权者，关心的是如何能让百姓对自己恭敬、尽忠效力。对此，孔子的意见是：当权者用庄重的态度对待百姓，百姓就会尊敬你；当权者对父母孝顺、对子弟慈祥，百姓就会效忠；当权者选用善良的人，并教导能力不足的人，百姓就会互相勉励并加倍努力。

榜样的力量是无穷的。国君的行为举止，就是国人最好的榜样。

（六）名正言顺

《论语·子路》中记载：

> 子路问政。子曰："先之，劳之。"
> 请益。曰："无倦。"

......

　　子路曰："卫君待子而为政，子将奚先？"

　　子曰："必也正名乎！"

　　子路曰："有是哉，子之迂也！奚其正？"

　　子曰："野哉，由也！君子于其所不知，盖阙如也。名不正，则言不顺；言不顺，则事不成；事不成，则礼乐不兴；礼乐不兴，则刑罚不中；刑罚不中，则民无所措手足。故君子名之必可言也，言之必可行也。君子于其言，无所苟而已矣。"

　　子路请教如何管理政事。孔子说："要做在百姓之前，使百姓勤劳。"子路请求解释一下。孔子说："不懈怠。"……子路问孔子："假如卫国举用您执掌国政，您打算从何入手？"孔子说："首先要正名分。"子路不解地说："有这样做的吗？您真是太迂腐了！正名分有什么用？"孔子毫不客气地批评道："仲由，你真是粗野。君子对自己所未知的，要采取存疑的态度。名分不正，说话就不理直气壮；说话不理直气壮，事情就办不成；事情办不成，礼乐就不能兴盛；礼乐不兴盛，刑罚就会不当；刑罚不当，百姓就会手足无措。所以，君子一定要确立名分，君子的名分一定要能堂堂正正说出口，说出口的话一定要能行得通。君子对自己的言行从不马虎。"

　　"正名",是孔子"礼"的思想核心,具体内容就是落实"君""臣""父""子"的名分与本职。只有"名正"才可以做到"言顺",接下来的事情才能迎刃而解。"正名"的实质,关系到"确权",岂虚言哉?

第三节　一言兴邦

　　古人云:"半部《论语》治天下。"《论语》中很多章节涉及孔子的治国理念。具体有如下几点:

(一)一言亡国,一言兴邦

《论语·子路》中记载:

　　定公问:"一言而可以兴邦,有诸?"

　　孔子对曰:"言不可以若是其几也。人之言曰:'为君难,为臣不易。'如知为君之难也,不几乎一言而兴邦乎?"

　　曰:"一言而丧邦,有诸?"

　　孔子对曰:"言不可以若是其几也。人之言曰:'予无乐乎为君,唯其言而莫予违也。'如其善而莫

之违也，不亦善乎？如不善而莫之违也，不几乎一言
而丧邦乎？"

鲁定公问孔子："有没有一句话，可以兴邦？"孔子
回答道："倒是有一句类似的话。有人说'为君难，为臣
不易'，如果知道为君之难，这不就近乎一言兴邦吗？"
鲁定公接着又问："有没有一句话，可以亡国？"孔子还
是回答说："倒是有一句类似的话。有人说'做君主没什
么别的快乐，只是没人敢违抗我的话而已'。假如自己说
得对，而没人违抗，不也挺好吗？假如说得不对，而没人
违抗，那不就近乎一句话可以亡国吗？"

这里，孔子还是旨在劝告鲁定公推行仁政、礼治，而
不应以国君的命令无人敢违抗而沾沾自喜。

（二）宽则得众，信则民任

《论语·尧曰》中记载，古代圣贤明君治理国家所
推行的政策是"谨权量，审法度，修废官"，即规范度量
衡、审订法律制度、兴修各项废置的官事，这样政令就会
通行全国。儒家的治国理念是"民为贵，社稷次之，君为
轻"。国君是人民的国君，一定要保障人民的温饱，还要
注重丧葬和祭祀。"丧"和"祭"是对死者的尊重，也是

做给活人看的。尊重死者，是为了给活着的人指明方向，这个方向就是"礼"。孔子说："居上不宽，为礼不敬，临丧不哀，吾何以观之哉？"（《论语·八佾》）孔子强调"居上要宽""为礼要敬""临丧要哀"，实质上还是从"礼"的角度来要求的。由此可见，孔子政治哲学的最大特点就是不重法制，而重礼制。

孔子还认为"宽则得众""信则民任""敏则有功""公则悦"（《论语·尧曰》），意即宽厚就能得到百姓的拥护，诚信就能得到人民的信任，勤敏就能取得成绩，公平就会令人愉悦。

"宽""信""敏""公"四者，以"宽"为首。孔子主张国君应该具备宽容、诚信、勤敏、公正的品质。能做到这些，就能赢得民心、受到拥戴，就会具有无上的凝聚力和向心力，使得"近者悦""远者来"（《论语·子路》）。

（三）放郑声，远佞人

颜回向孔子请教如何治理国家时，孔子特别强调要"放郑声，远佞人"。他说"郑声淫，佞人殆"（《论语·卫灵公》），郑声淫荡，佞人危险。身为国君，如果耽于享乐，喜欢被人阿谀奉承，那就危险了。

商纣王是中国历史上有名的暴君。他穷奢极欲，不但学夏桀建造了酒池，还把肉割成一条一条的悬挂在树上，称为"肉林"，让一帮男女赤裸着身子，在酒池肉林中追逐嬉戏，纣王则带领他的亲信不分昼夜地狂欢豪饮。忠臣比干见纣王荒淫无度，屡次劝谏。开始时纣王用话搪塞过去，仍旧我行我素。比干继续劝谏，纣王越来越不耐烦，最后恶狠狠地对比干说："听说圣人心上有七个孔窍，你老是向我讲这些大道理，感觉自己是个圣人对吧？我倒要看看你心上是不是生了七个窍！"说罢下令杀了比干，把心挖出来查看。

与商纣王相反，在殷商都城朝歌以西有一个部族叫岐周，岐周的首领姬昌爱民如子，百姓安居乐业，越来越多的诸侯归附于他，终于三分天下而有其二。

姬昌积善修德，得到了百姓的拥护和各方诸侯的归附，而商纣的残忍暴虐无疑为自己埋下了灭亡的种子。

（四）无欲速，无见小利

子夏作莒父宰的时候，曾经向孔子请教如何施政，孔子说："无欲速，无见小利。欲速，则不达；见小利，则大事不成。"（《论语·子路》）

作为执政者，不仅不能急于求成，还不能被眼前利益迷住心智。公元前262年，秦国武安君白起攻打韩国，夺取了不少土地，并切断了上党与韩国本土之间的交通。韩国一面派阳城君到秦国谢罪，割让上党之地请和；一面通知上党太守靳黈撤离上党。靳黈不肯服从命令，韩桓惠王就派冯亭接替他的位置。冯亭到达上党一个月后，对其他官员说："上党与韩国之间的联络已经中断，秦国军队每天不断逼近，我们不能应付，不如将上党送给赵国。赵国接受了上党，秦国定会转而进攻赵国；赵国遭到秦国攻击，必定会与韩国亲近；到时韩、赵两国联手，就可以一起对付秦国。"大家认为这是个好办法，于是派使者到赵国，对赵孝成王说："韩国不能守住上党，决定将上党割让给秦国，但是当地百姓都不愿接受秦的统治，听说赵王您宽厚仁爱，他们都甘愿作赵国子民。现在上党有城池十七座，臣愿意全部奉献给大王，请大王处置。"

赵王十分高兴，将此事告诉了赵豹，赵豹说："臣听说，无功而受禄，定会招致祸害。"赵王说："他们仰慕寡人的宽厚仁爱，怎能说是无功而受禄呢？"赵豹回答道："秦国为了蚕食韩国的土地，故意切断上党和韩国的交通，旨在夺取上党。韩国之所以把上党献给我们，是企图把战祸转嫁给赵国。强秦不能从弱小的韩国得到上党，我们弱小的赵国又怎能从强秦手里得到上党，天上怎么可能掉馅饼呢？大王不要接受啊。"赵王将此事告诉了平原君赵胜，赵胜认为赵豹是杞人忧天，于是赵王就派赵胜前往接收上党。果然如赵豹所料，不久秦国就攻打赵国，赵国大将廉颇率军对抗秦国军队。但赵王又中了秦国的反间计，改用只会纸上谈兵的赵括来代替老将军廉颇，结果，赵国四十万大军被秦军坑杀。

赵王只顾眼前利益，却没有考虑到大局，最终落得个失败的下场，真正应了这句话——"见小利，则大事不成"。

（五）文治与武功同步

孔子主张治理国家要重视文治，而文化素养的提升是从学习《诗》开始的。他说："诵《诗》三百，授之以政，不达；使于四方，不能专对；虽多，亦奚以为？"（《论语·子路》）孔子主张学习《诗》的意义在于提高从政的素养和水平。

对于战争孔子则持十分谨慎的态度。"子之所慎：斋，战，疾。"（《论语·述而》）但同时，孔子又非常重视武功。孔子说："善人教民七年，亦可以即戎矣。"又说："以不教民战，是谓弃之。"（《论语·子路》）治理国家，一定要时刻保持着警惕之心，一定要对百姓进行战事训练，不然就是抛弃他们。

孔子本身就是个文武双全的人。在孔子担任司寇的时候，大约公元前500年，齐鲁两国有过一次"夹谷会盟"。在这次会盟上，孔子为鲁国赢得了一次外交上的重大胜利。当时齐鲁两国的形势是：鲁国在孔子辅佐治理下蒸蒸日上，齐国担心鲁国的强大会对自己形成威胁，于是派使者邀约鲁定公在夹谷举行会盟，名为交好，实则想借此机会打压鲁国。身为鲁国司寇的孔子作为鲁定公的襄礼参加盟会。会盟之前，孔子认真研究了当时的形势并做了充分的准备。孔子深知文治与武功同步的道理，建议鲁定公派一支精干的卫队参加会盟。鲁定公听从孔子的建议，精选出一支勇武有力的卫队。齐国大臣犁弥认为孔子不过一介书生，如果派夹谷当地的莱人用武力劫持鲁侯，孔子定会束手无策，乖乖接受齐国的条件。

会盟那天，齐侯由晏婴陪同，鲁侯由孔子陪同，来到夹谷。夹谷已经设起盟坛，排好席位，筑起三级台阶。鲁定公与齐景公相互作揖谦让着登上盟坛。双方一番宴饮献酬后，一个齐国官吏快步走上前，请求演奏四方乐舞。齐景公点头同意。于是，莱人挥着旗子，舞着羽毛，握着矛戟剑盾，敲着皮鼓，高声呐喊着表演起来，同时慢慢向鲁定公靠近。孔子见况，快步向前，一步跃上两个台阶，挥着袖子，说："两国君主在此友好盟会，为什么让夷狄到这儿来？这是违反礼仪的。请下令撤走。"齐景公心虚，也有些愧疚，而且他发现孔子并不像想象中那样胆小怕事、听人摆布，只好挥手示意莱人退下。

不一会儿，齐国官吏又快步走上前请示演奏宫中舞乐。征得齐景公同意后，一些侏儒艺人便嬉笑着上前表演起来。孔子见状感觉不妥，立刻快步向前严厉地制止道："好酒器不出宫门，好音乐不在野外演奏。为何用这般低等的音乐侮辱君主，侏儒艺人胆敢蛊惑诸侯，应该诛杀！"齐侯自知失礼，就杀了这些艺人致歉。

经过这次面对面的接触，齐景公内心受到震动，也感到恐惧。因为他既输了礼节，也输了面子。回国后，他批评群臣道："鲁国的大臣能用君子之道来辅佐君主，而你们却用夷狄之道来蒙蔽我，致使我得罪了鲁君，弄巧成拙，现在该怎么办？"这时有人提议用实际行动表示道歉，于是，齐景公答应了孔子所提的要求——把之前从鲁国侵占的三个地方归还给了鲁国。"夹谷之会"上，孔子凭着自己的果断和勇敢立了大功，使鲁国不但在齐国面前赢得了面子，而且收回了失地。

尽管孔子重视武功，但是他主张和平，反对战争，尤其反对不义的战争。《论语·季氏》中记载：

季氏将伐颛臾。冉有、季路见于孔子曰："季氏将有事于颛臾。"

孔子曰："求！无乃尔是过与？夫颛臾，昔者先王以为东蒙主，且在邦域之中矣，是社稷之臣也。何以伐为？"

冉有曰："夫子欲之，吾二臣者皆不欲也。"

孔子曰："求！周任有言曰：'陈力就列，不能者止。'危而不持，颠而不扶，则将焉用彼相矣？且尔言过矣，虎兕出于柙，龟玉毁于椟中，是谁之过与？"

冉有曰："今夫颛臾，固而近于费。今不取，后世必为子孙忧。"

孔子曰："求！君子疾夫舍曰欲之而必为之辞。丘也闻有国有家者，不患寡而患不均，不患贫而患不安。盖均无贫，和无寡，安无倾。夫如是，故远人不服，则修文德以来之。既来之，则安之。今由与求也，相夫子，远人不服，而不能来也；邦分崩离析，而不能守也；而谋动干戈于邦内。吾恐季氏之忧，不在颛臾，而在萧墙之内也。"

季孙氏将要讨伐颛臾。冉有、子路向孔子汇报了这件事。孔子一听就急了，指责冉有道："这就是你的错

了！从前周天子让颛臾国君主持东蒙的祭祀，而且已经在鲁国的版图之内，就是国家的臣属，为什么要讨伐它？"孔子指责冉有，是因为冉有和子路当时都担任季孙氏的家臣，孔子希望他们能够制止这场毫无意义的战争。冉有辩解说："季孙氏想攻打，我们两人都不愿意。"冉有的辩白，招致了孔子更严厉的批评。孔子说："冉有，先人说：'要尽力做好本职，实在不能胜任就辞职。'有危险了你不去扶助，跌倒了你不去搀扶，那要你们这些辅臣做什么？而且，你说错了。老虎、犀牛从笼子里跑出，龟甲、玉器在匣子里被毁，这是谁的过错？"冉有说："颛臾城墙坚固，而且离费邑很近。如果现在不夺取过来，将来一定会成为子孙的忧患。"孔子说："冉有，君子痛恨那种明明自己心里想那么做，却要找出理由为之辩解的人。治理国家的人怕的不是贫穷，而是财富不均；不是人口少，而是社会不安定。如果财富平均了，就没有贫穷；如果大家和睦，人口就不会少；社会安定了，就没有倾覆的危险。如果远方的人还不归服，就修明仁、义、礼、乐招徕他们；已经到来的，要让他们安心留下来。话说回来，你们两人辅助季孙氏，远方的人不来归附，也不能招徕他们；国内分崩离析，也不能保全。反而策划在国内动用武力。我怕季孙的忧患不在颛臾，而在自己内部！"

第八章 孔子的音乐哲学

第一节　孔子与音乐

　　孔子精通音乐，曾跟随鲁国著名的乐师师襄学琴。一首曲子，孔子整整用心练习了十天。师襄说："你可以学新曲子了。"孔子却摇摇头，说："不行。我才学会这首曲子，节奏把握得还不够准确。"又过了些时日，师襄说："行了，现在你的节奏已经把握得很准确了，继续学新的吧。"孔子又摇摇头，说："不行。我还没领会乐曲的主旨。"孔子继续练习同一首曲子。过了一段时间，师襄又建议道："现在主旨也把握了，可以学习新曲子了。"孔子仍然摇头，说："还是不行。我觉得自己还没有深刻理解曲作者本人。"就这样，很长时间过去了，终于有一天，孔子说："现在我琢磨出来了，曲作者一定是个思想深邃、乐观向上而且眼光远大的人，应该是个王者，莫非就是周文王？除了他，还有谁能作出这样的曲子？"师襄听了他的话，不由得恭恭敬敬地站起来，钦佩地说："是啊，当初我的老师教我时，也说这曲子相传是周文王所作的《文王操》。"孔子跟从师襄学琴的故事，

体现出孔子对自己在音乐学习方面的高标准和严要求，这个故事本身就十分励志。

孔子酷爱音乐。"子在齐闻韶，三月不知肉味，曰：'不图为乐之至于斯也。'"（《论语·述而》）孔子欣赏《韶》乐后，非常陶醉，以至于"三月不知肉味"，还十分感慨地说："没想到音乐能令人达到如此快乐的境界！"《论语·八佾》中也记载了孔子评价音乐的话："子语鲁大师乐，曰：'乐其可知也：始作，翕如也；从之，纯如也，皦如也，绎如也，以成。'"这段话中，孔子与鲁国乐官谈论音乐："开始演奏时，各种乐器合奏，声音繁美；继续演奏下去，乐声婉转悦耳，旋律清晰流畅，悠扬延续下去，直到完美结束。"孔子还赞叹鲁国太师挚的高超演奏技巧，说："师挚之始，《关雎》之乱，洋洋乎盈耳哉！"（《论语·泰伯》）从太师挚演奏的序曲开始，到结尾演奏《关雎》，优美的音乐始终在耳边回荡，令孔子痴迷。

孔子晚年编订《乐》与《诗》，他说："吾自卫反鲁，然后乐正，《雅》《颂》各得其所。"（《论语·子罕》）孔子的时代，诗、乐、舞是三位一体的。孔子编订《诗》，当然也包含了其中乐的部分，《国风》就是来自诸国的音乐。

在音乐造诣方面，孔子的高妙之处，还在于能用音乐表达心情。《论语·宪问》中记载：

　　子击磬于卫，有荷蒉而过孔氏之门者，曰："有心哉，击磬乎！"既而曰："鄙哉，硁硁乎，莫己知也，斯己而已矣。深则厉，浅则揭。"

　　子曰："果哉！末之难矣。"

这个故事发生在卫国。一次，孔子正在敲击磬，有一个人挑着草筐从孔子门前走过，说："这个击磬的人，有心事啊！"一会儿，又说："声音硁硁的，真是可鄙呀。既然没有人了解自己，那就只活自己的就是了。好比涉水：水深就穿着衣服游过河，水浅就撩起衣服蹚过河。"

孔子闻听此言，不由得说："说得真干脆，没什么可责问他的。"

这个人无疑说中了孔子的心事。尽管他只是路过，并不知道孔子是谁，通过孔子演奏的音乐，便能解读他的心声。知音者稀，此人想必跟孔子一样，也是精于音乐的高手，才能懂得孔子的音乐所传递与表达的心事。

第二节　成于乐

音乐既是娱乐消遣的工具，也是陶冶情操、抒发胸臆的手段。孔子提倡乐教，主张通过音乐教化百姓。他认为听一个国家的音乐，就知道这个国家的兴衰。如果国内靡靡之音盛行，必然会影响国民的心态，埋下动乱的种子；如果国内音乐有浩然正气，必然会振奋人心，辅助治国兴邦。

孔子说过"兴于诗，立于礼，成于乐"（《论语·泰伯》）。一个人的修养，始于学诗，立于学礼，成于学乐。孔子教育学生，也把诗、礼、乐这三个方面作为主要的学习内容。他指明三者的不同功能，要求学生不仅要注重个人修养，还要具备全面的知识和广泛的技能。

孔子心中的理想状态是诗、礼、乐都能真正起到移风俗、美教化的作用，从而能让社会变得更加和谐美好。可是，孔子所处的时代礼崩乐坏，他已经感觉到自己无力回天，于是无奈地感叹："礼云礼云，玉帛云乎哉？乐云乐云，钟鼓云乎哉？"（《论语·阳货》）他不能忍受将礼乐流于形式，只做表面文章，可遗憾的是这就是现实。

孔子推重的乐，是雅乐，是正声，他强烈反对令人沉

溺的靡靡之音。他说："恶紫之夺朱也，恶郑声之乱雅乐也，恶利口之覆邦家者。"（《论语·阳货》）

孔子重视乐教在治理国家中所起的作用。但是，仅有乐是远远不够的，乐必须要建立在"仁"的基础上。他说："人而不仁，如礼何？人而不仁，如乐何？"（《论语·八佾》）可见，"仁"，是"礼"的基础，是"乐"的根本。

归根结底，以"仁"为本。"仁"，是儒家精神的脊梁。